手軽な材料でつくる果物のお菓子

# MURAYOSHI
# ムラヨシ
# FRUITS
# フルーツパーラー
# PARLOUR

ムラヨシマサユキ

# ムラヨシフルーツパーラーにようこそ!

いらっしゃいませ〜。
お客さま、こちらがメニューブックです。
当店は、旬のフルーツをたっぷりと使って、スイーツに仕立てております。
春夏秋冬を通して、さまざまな逸品をご用意しておりますので、
ぜひ、お楽しみくださいませ!

白シャツ、蝶《ちょう》ネクタイ、黒エプロンの扮装《ふんそう》で店主のマスターになりきり、
仮想のパーラーでフルーツを使ったお菓子をつくる——。
というコンセプトで、月刊「NHK きょうの料理ビギナーズ」で2年半連載した
「ムラヨシフルーツパーラー」が、新たなレシピも加えて一冊になりました!

スイーツではおなじみの、レモン、いちご、バナナ、りんごを使うレシピはもちろん、
もしかしたら、皆さんがそのまま生で食べることが多い、
いちじく、みかん、メロン、すいかなどを使ったお菓子も載せています。

皆さんは、フルーツを使ったお菓子と聞いて、まず何を思い浮かべますか。
ショートケーキやアップルパイ、バナナケーキなどでしょうか。
僕がお菓子をつくり始めたころは、ただつくることばかりに夢中で、
果物が活きるレシピは数える程度しか持っていませんでした。
そしてお店で働いていたころは、いつでも使える冷凍ピュレ、
いちごやオレンジなどを一年中仕入れていたので、
旬とは程遠い修業時代でした。

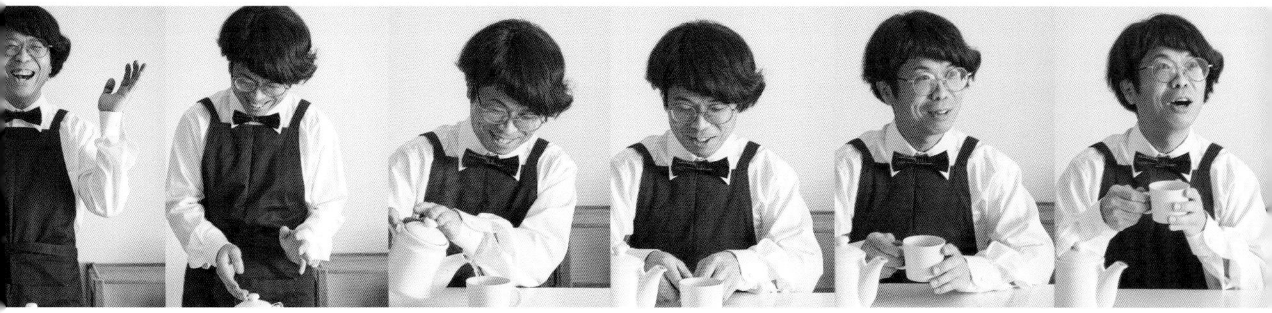

料理研究家として独立してからは、
自分自身でお店や農家さんを巡り、フルーツを直《じか》に見て選ぶようになりました。
このフルーツをあんなふうに仕立てて食べたい！ と思うお菓子が、
季節によって、気分が変わっていく自分自身に気づきました。

当たり前のことのようですが、ほとんどのフルーツは、
収穫時期が一年のその季節にしかなく、店先で見かけていても、旬が移り変われば、
違う顔ぶれが並び、次に出合えるのは一年後ということがあります。
登場を今か、今かと待ち構えていることもあれば、
冷蔵庫のスペースを考えて、うっかり買い逃すこともあり、
そんなことも含めて旬のフルーツは、身近な季節の楽しみです。

フルーツはそのまま食べてももちろんおいしいですが、
お菓子に仕立てると、違う味に出合えます。
加熱されて、ギュッと濃縮した香りや食感に、果汁がしみ込んだ生地とのハーモニーに、
クリームとの味の対比で鮮烈に感じる甘酸っぱさに。

本書のレシピは、気軽にお菓子づくりに挑戦していただけるよう、
素材となる果物も含め、材料はスーパーマーケットでそろえられるものばかりにしました。
全43品のラインナップは、じっくりつくる焼き菓子、ひんやりデザート、
ほんわかおやつなど、さまざまなバリエーションで楽しんでいただけます。
一年を通して、新たなフルーツの魅力を見つけていただけたらうれしいです。

ムラヨシマサユキ

## Contents


ムラヨシフルーツパーラーにようこそ！　2

材料　6

型　7

○ レモンケーキ　8

○ レモンアイシングのショートブレッド　10

● いちごのプリン　12

● いちごのレアチーズケーキ　14

● いちごのショートタイムケーキ　16

● いちごのショートケーキ　18

○ バナナチョコマフィン　22

○ バナナドーナツ　24

○ バナナケーキ　26

● タルトタタン　28

● キャラメルりんごのアーモンドケーキ　32

● バトンアップルパイ　34

Column 1
フルーツのお菓子に合わせる
お茶とコーヒーの話　36


### この本の決まりごと

- この本で使用している計量カップはカップ1=200mℓ、計量スプーンは大さじ1＝15mℓ、小さじ1=5mℓです。1mℓ＝1ccです。
- 表記のエネルギーはおよその数値、調理時間はトータルでかかるおよその時間です。
- 電子レンジ、オーブン、ミキサー、ハンドミキサーなどの調理器具は、各メーカーの使用説明書などをお読みのうえ、正しくお使いください。
- 電子レンジは、金属および金属製の部分がある容器や非耐熱ガラスの容器、漆器、木・竹・紙製品、耐熱温度が140℃未満の樹脂製容器などの使用は避けてください。故障や事故の原因となることがあります。本文中で表示した調理時間は600Wのものです。700Wの場合は約0.8倍、500Wの場合は約1.2倍にしてください。
- 加熱料理にラップやアルミ箔《はく》を使用する場合、使用説明書に記載の耐熱温度などを確認のうえ、正しくご使用ください。
- オーブンの温度と焼き時間は、家庭用の電気オーブンでの目安です。機種により差が出る場合があります。ガスオーブンを使う場合は5〜10℃下げ、3〜5分間短くしてください。
- 本書で使用する果物は、特にことわりのない場合、水で洗い、水けを拭いて調理してください。
- アルコールが含まれるものがあります。子どもやお酒に弱い人は避けてください。
- はちみつが含まれるものがあります。1歳未満の乳児には与えないでください。

フルーツサンド　38

ぶどうの白ワインゼリー　40

いちじくのコンポート　42
いちじくかん　44

洋梨のキャラメルトライフル　46

柿のヨーグルトシフォン　48

みかんのピーナツバターブラウニー　50
みかんのミルクティー蒸しパン　54
みかんのパンナコッタ　56

きんかんの甘煮のフィナンシェ　58
きんかんの甘煮　61
きんかんのベニエ　62

Column 2

かんきつのシロップとパーラードリンク　66

柚子《ゆず》シロップ　66
柚子茶　67
柚子ヨーグルト　67

レモンシロップ　66
レモネード　67
レモンスカッシュ　67

オレンジのカステラプディング　68

グレープフルーツと
ローズマリーのミルクムース　70

カスタードパイン　72

キウイチーズアイスキャンデー　74

メロン杏仁豆腐　76
メロンのカスタードアイス　78

すいかのシャーベット　80
すいかと白玉のラム黒糖シロップがけ　82

桃のババロア　84
桃の紅茶ティラミス　86

ベリーベリーチーズケーキ　88
ベリーソースのふわふわパンケーキ　90

ブルーベリーの
クランブルパウンドケーキ　92

# 材料

### ❶　薄力粉

本書で焼き菓子に使用する小麦粉は、ほぼ薄力粉です。いろいろな種類がありますが、どれでも大丈夫なので、好みのものを使ってください。

※「きんかんのベニエ」(P.62参照)のみ菓子パン生地なので、グルテン含有量の多い強力粉を使用します。

### ❷　卵

本書ではMサイズ(正味48～55g)を使用します。卵が冷たいと、粉などと混ざりにくくなるので、お菓子をつくる30分～1時間前に冷蔵庫から出して常温に戻しておきましょう。

### ❸　粉ゼラチン

主材料は動物性たんぱく質のコラーゲン。15～20℃で固まり、25℃くらいで溶け出すので、冷蔵庫で管理してください。手順として、水にふり入れてふやかしてから使います。ゼラチンに水を注ぐとダマになるので、気をつけてください。

### ❹　粉寒天

海藻を主材料とする植物性食品。30℃前後で固まり始め、95℃前後で溶け出す性質なので、常温で固まり、また常温で溶ける心配はありません。沸騰した湯でよく煮溶かしてから固めるのがポイントです。

### ❺　グラニュー糖

純度が高く、すっきりとしたくせのない甘みなので、フルーツの風味の邪魔をしません。

### ❻　はちみつ

コクのある甘みをつけたいときに使用します。オレンジやレモン、百《ひゃっ》花《か》蜜《みつ》など華やかな香りのものが、フルーツと好相性。

### ❼　砂糖

上白糖はこっくりとした甘みがあります。グラニュー糖のかわりに使う場合は、グラニュー糖の8～9割に減らしてください。

### ❽　植物油

好みの植物油を使って大丈夫ですが、僕は米油を使用しています。サラッと軽い口当たりで、香りも味もくせがなく、フルーツの風味の邪魔をしません。

### ❾　バター(食塩不使用)

お菓子には、食塩不使用のバターを使います。食塩使用のものを使うと、しょっぱくなるので使わないでください。

### ❿　プレーンヨーグルト(無糖)

僕は、生クリームやクリームチーズの量を減らして、あるいは代用としてヨーグルトをよく使用します。酸味で口当たりを爽やかにし、仕上がりを軽くしたいからです。

### ⓫　生クリーム

乳脂肪分35%以上のものを使用していますが、濃度はお好みで。

## 生クリームの泡立ての目安

**六分《ぶ》立て**

クリームをすくうとサラリと落ち、積もらずに跡がすぐに消える程度の堅さ。

**七分立て**

クリームをすくうとトロリと落ち、軽くこんもりと積もってすぐに跡が消える程度の堅さ。

**八分立て**

クリームをすくうと柔らかいツノが立ち、トロリと落ちてこんもりと積もり、少したってから跡が消える程度の堅さ。

**九分立て**

クリームをすくうとゆっくりと落ちてこんもりと積もり、跡が消えない程度の堅さ。

# 型

**❶ アイスキャンデー型**(22.5×11.8×高さ11.5cm・6本用)
「キウイチーズアイスキャンデー」(P.74参照)に使用。ほかのアイスキャンデー型でも、また、紙コップでも代用できます。

**❷ 耐熱のバット**(21×16.5×高さ3cm)
「バナナケーキ」(P.26参照)、「キャラメルりんごのアーモンドケーキ」(P.32参照)、「柿のヨーグルトシフォン」(P.48参照)、「みかんのピーナツバターブラウニー」(P.50参照)に使用。僕はホウロウ製を使いますが、金属製でも大丈夫です。「すいかのシャーベット」(P.80参照)にも使用しています。耐熱の必要性はありませんが、ホウロウ製は金属製よりフルーツの風味を落とさないからです。

**❸ パウンド型**(18×9×高さ6.5cm)
「レモンケーキ」(P.8参照)、「いちじくかん」(P.44参照)、「ベリーベリーチーズケーキ」(P.88参照)、「ブルーベリーのクランブルパウンドケーキ」(P.92参照)に使用。「いちじくかん」では流しかんのかわりに使います。

**❹ スポンジ型**(直径15cm)**上・底が外れるタイプ/下・一体型**
底が外れるタイプは「いちごのレアチーズケーキ」(P.14参照)、一体型は「いちごのショートケーキ」(P.18参照)、「みかんのミルクティー蒸しパン」(P.54参照)に使用します。一体型のお菓子は、底が外れるタイプでもつくることができます。

**❺ マフィン型**(直径6×高さ3cm・6コ用)
「バナナチョコマフィン」(P.22参照)、「きんかんの甘煮のフィナンシェ」(P.58参照)に使用。ただし、どちらも、耐油・耐熱の厚手で自立できるタイプの紙製カップで代用できます。

**❻ ココット**(直径7×高さ4cm・容量90mℓ)
「タルトタタン」(P.28参照)に使用。個数を調整すれば、多少サイズの違うココットでもつくれます。

**❼ プリン型**(直径7×高さ6cm・容量150mℓ)
「いちごのプリン」(P.12参照)、「みかんのパンナコッタ」(P.56参照)に使用。個数は変動しますが、好みのサイズでも大丈夫です。

# レモンケーキ

レモンの皮と果汁を生地に混ぜて焼き、レモンアイシングでデコレーション。
さらにレモンの皮のトッピングで、まさにレモン尽くしのパウンドケーキです。
ハンドミキサーできめの細かい生地に整えて、しっとりと焼き上げます。

材料（18×9×高さ6.5cm のパウンド型1台分）

レモン（国産）　1コ
A　卵　2コ
　　グラニュー糖　80g
薄力粉（生地用）　100g
バター（生地用／食塩不使用）　80g
バター（型用／食塩不使用）　適量
薄力粉（型用）　適量
粉砂糖　75g

つくる前にしておくこと

・生地用の薄力粉はふるっておく。
・生地用のバターは小さめの鍋に入れ、中火で溶かしておく（溶かしバター）。
・パウンド型に型用のバターを薄く塗り、冷蔵庫で冷やしておく。
・オーブンは170℃に温めておく。

1

卵が泡立ちやすい温度まで温まったら湯煎から外す。リボン状になる前に冷めてしまったら、再び湯煎で温めるとよい。

2

型はバターを塗って冷やし、焼く直前に薄力粉をはたく。こうすることで、生地の表面にきれいな焼き色がつき、型からも外しやすくなる。

**1** レモンは皮の黄色い部分だけをレモンゼスター（かんきつ類専用の皮むき器）かおろし金で削り、レモン汁大さじ2を搾る。

**2** ボウルにAを入れ、底を70～80℃の湯に当てて（湯煎）、ハンドミキサーの低速で泡立てる。人肌程度（約40℃）に温まったら湯煎から外す。ハンドミキサーを高速にし、すくうとリボン状に折り重なって落ちるまで泡立てる（写真1）。ハンドミキサーを再び低速にして全体をゆっくりと1分間ほど混ぜ、気泡のきめを整える。レモンの皮・レモン汁各半量を加え、ゴムべらで混ぜる。

**3** ふるっておいた生地用の薄力粉を**2**に加え、粉っぽさがなくなるまでゴムべらで混ぜる。溶かしバターを加え、なじむまでよく混ぜる。さらに20～30回混ぜて、生地につやを出す。

**4** 冷やしておいたパウンド型に型用の薄力粉を薄くはたき、**3**を流し入れる（写真2）。天板にのせ、170℃のオーブンで30～35分間焼く。オーブンから取り出し、すぐに型から外す。網にのせて冷ます。
※生地の中心に竹串を刺し、生の生地がつかなければ焼き上がりの目安。

**5** 残りのレモン汁と粉砂糖をボウルに入れ、スプーンで混ぜてレモンアイシングをつくる。**4**にたらしてスプーンで塗り広げ、残りのレモンの皮を散らす。指で触れるくらいに乾くまで、30分間ほど常温におく。

［全量1760kcal　調理時間1時間
（冷ます時間、アイシングを乾かす時間は除く）］

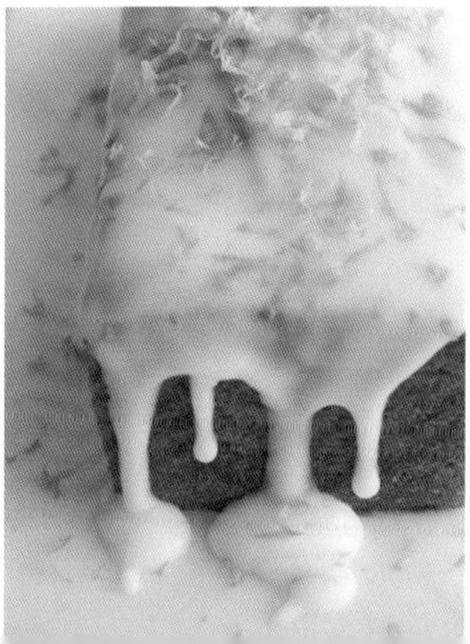

# レモンアイシングのショートブレッド

サクッホロッとした食感に、シャリシャリのアイシングがアクセント。
バターのかわりに植物油とヨーグルトで軽やかな生地にして、
レモンの香りと酸味を際立たせます。

**材料**（20コ分）

A
- レモンの皮（国産／すりおろす）　½コ分
- レモン汁　小さじ1
- 植物油　大さじ2½
- プレーンヨーグルト（無糖）　20g

B
- 薄力粉　100g
- グラニュー糖　15g
- 塩　1つまみ（1g）
- ベーキングパウダー　小さじ⅓

レモンアイシング
- 粉砂糖　50g
- レモンの皮（国産／すりおろす）　½コ分
- レモン汁　小さじ1強

**つくる前にしておくこと**

・Bは合わせてふるっておく。
・オーブン用の紙を25～30cm長さに切っておく。
・天板に別のオーブン用の紙を敷いておく。
・オーブンは170℃に温めておく。

**1** ボウルにAを入れ、泡立て器でとろみがつくまでしっかりと混ぜる。ふるっておいたBを加え、粉っぽさがなくなるまでゴムべらで混ぜ、一まとめにする。

**2** 切っておいたオーブン用の紙の中央に**1**の生地を置き、手で押さえて1cm厚さくらいにならす。オーブン用の紙の左右を生地にかぶせ、麺棒で1cm厚さ、8×16cmの長方形にのばす。

**3** オーブン用の紙を広げ、包丁で縦半分に切ってから横に10等分（約1.5cm幅）に切る。切り分けた生地の中央にフォークで穴を開ける（写真1）。

**4** オーブン用の紙を敷いた天板に**3**を間隔をあけて並べ、170℃のオーブンで24～26分間焼く（写真2）。オーブンから取り出し、天板にのせたまま冷ます。

**5** ボウルにレモンアイシングの材料を入れ、底を熱湯に当てて（湯煎）、泡立て器で30秒間混ぜる。**4**の表面にはけで塗り、指で触れるくらいになるまで10分間ほど網にのせて乾かす。

［1コ分45kcal　調理時間50分
（冷ます時間、アイシングを乾かす時間は除く）］

1
焼く間に空気が抜けて、ふくらみが均一になるように穴を開ける。

2
表面は薄い焼き色で、裏面にはしっかり焼き色がついたら、焼き上がりの目安。

# いちごのプリン

プルルンとなめらかで、とろけるような口当たり。
いちごだけだと酸味が強いので、ヨーグルトでまろやかにします。
果汁100%の濃厚ソースで、いちご感をアップ！

材料（直径7×高さ6cm・容量150mℓのプリン型4～5コ分）

いちご　600g

A
- 水　50mℓ
- 粉ゼラチン　8g*

グラニュー糖　100g

生クリーム　100mℓ

プレーンヨーグルト（無糖）　100g

＊ 少し堅くはなるが、2袋（10g）でつくってもよい。

**1** 小さな器にAの水を入れ、粉ゼラチンをふり入れて2～3分間おき、ふやかす。いちごはヘタを取り、形の整ったものを飾り用に4～5コ選んで冷蔵庫で冷やしておく。残りのいちごは耐熱ボウルに入れてフォークやマッシャーでよくつぶす。

**2** **1**の耐熱ボウルにグラニュー糖を加え、ゴムべらで混ぜる。ラップをしないで電子レンジ（600W）に4分間かける。ソース用にカップ½を別の容器に取り分けて冷まし、冷蔵庫に入れる。耐熱ボウルのいちごが熱いうちに**1**のふやかしたゼラチンを加え、泡立て器でゆっくりと混ぜて溶かす。金属のボウルに移し、底を氷水に当てて、ゴムべらで混ぜながら冷やす（写真1）。とろみが出たら、氷水を外す。

**3** 別のボウルに生クリームを入れ、底を氷水に当てて、ハンドミキサーか泡立て器で六分《ぶ》立てにし（六分立てはP.6参照）、**2**のボウルに加える。ヨーグルトを加え、泡立て器でよく混ぜ合わせる。

**4** **3**をプリン型の七～八分目まで流し入れ、冷蔵庫で2時間以上冷やし固める（写真2）。型から取り出して器に盛り、飾り用のいちごを縦半分に切って飾り、**2**で取り分けたソースをかける。

［1コ分200kcal　調理時間30分（ソースを冷ます時間、プリンを冷やし固める時間は除く）］

1

急冷できる金属のボウルに移し、とろみをつける。金属のボウルは電子レンジにはかけられないので注意。

2

食べる時は、型の口のギリギリまでぬるま湯に10～20秒間浸すか、型に皿をかぶせて上下を返し、しっかりと押さえて2～3度強めに振って型から外す。

# いちごのレアチーズケーキ

材料を混ぜて冷やし固めるだけで簡単、さっぱりと軽やかなレアチーズケーキです。
いちごの断面が整然と並んだ姿がキュート!
いちごをピュレ状にすりおろした甘酸っぱいソースをたっぷりとかけて。

**材料(直径15cmのスポンジ型・底が外れるタイプ1台分)**

いちご　200g
A［水　大さじ1
　 粉ゼラチン　4g[*1]
クリームサンドココアビスケット(市販)[*2]　8コ
グラニュー糖　大さじ2
B［クリームチーズ　200g
　 グラニュー糖　60g
プレーンヨーグルト(無糖)　大さじ2
生クリーム　150mℓ
レモン汁　小さじ2

*1　少し堅くはなるが、1袋(5g)でつくってもよい。
*2　プレーンタイプのクリームサンドビスケットでもよい。

**つくる前にしておくこと**

・クリームチーズは常温に戻す、あるいは耐熱容器に入れてラップをふんわりとし、電子レンジ(600W)に50〜60秒間かけて柔らかくしておく。

**1**　小さな器にAの水を入れ、粉ゼラチンをふり入れて2〜3分間おき、ふやかす。クリームサンドココアビスケットはジッパー付き保存袋に入れ、袋の上から麺棒で細かく砕く。型の底に敷き詰め、スプーンの背でしっかりと押して表面をならす。

**2**　いちごはヘタを取る。4コを取り分けて縦に3〜4mm幅に切り、**1**の型の側面にグルリと貼りつける(写真1)。残りのいちごはすりおろしてボウルに入れ、グラニュー糖を加えて混ぜ(いちごソース)、使う直前まで冷蔵庫で冷やす。

**3**　別のボウルにBを入れ、ゴムべらで練り混ぜる。ヨーグルトを加えて混ぜ合わせる。

**4**　小さめの鍋に生クリームを入れて中火にかけ、フツフツとしてきたら火を止める。**1**のふやかしたゼラチンを加え、泡立て器で混ぜて溶かす。

**5**　**3**に**4**を少しずつ加え、泡立て器で混ぜ合わせる。レモン汁を加えてサッと混ぜる。**2**の型に流し入れ、冷蔵庫で2〜3時間冷やし固める。型を外し(写真2)、温めた包丁で食べやすい大きさに切り分け、**2**のいちごソース適量をかける。

[全量2210kcal　調理時間30分
(冷やし固める時間は除く)]

1
ケーキの側面にいちごの断面が出るように、1切れずつ並べて貼りつける。

2
底が平らなカップなどを伏せて置き、型ごとのせて、型の側面を下に押して外す。

# いちごのショートタイムケーキ

ショートケーキの原型といわれる「ショートタイムケーキ」は、
ホットビスケットでクリームをはさんだアメリカの家庭菓子です。
本来はバターミルクで風味をつけますが、牛乳と生クリームに酢を加えて代用します。

材料（5コ分）
いちご　（小）15コ（120g）
ホットビスケット
- 牛乳　50mℓ
- 生クリーム　50mℓ
- 酢（またはレモン汁）　小さじ2
- 薄力粉　200g
- ベーキングパウダー　小さじ2
- グラニュー糖　大さじ3
- 塩　1つまみ（1g）
- バター（食塩不使用）　60g

薄力粉（打ち粉用）　適量
牛乳（つや出し用）　適量
A
- 生クリーム　100mℓ
- グラニュー糖　小さじ2

つくる前にしておくこと
・いちごはヘタを取っておく。
・バターは小さめの鍋に入れ、中火で溶かしておく（溶かしバター）。
・天板にオーブン用の紙を敷いておく。
・オーブンは200℃に温めておく。

1　ホットビスケットをつくる。ボウルに牛乳、生クリーム、酢を入れてゴムべらで混ぜ、5分間おく。

2　別のボウルに薄力粉、ベーキングパウダー、グラニュー糖、塩を入れ、ゴムべらでサッと混ぜ合わせる。溶かしバター、**1**を順に加える。粉っぽさがなくなるまで、しっかりと混ぜ合わせる。

3　**2**の生地を台に取り出して打ち粉をし、2〜3cm厚さの円盤状に整える。グラスや湯飲みで生地を丸く抜く（写真1）。生地が足りなくなったら、丸めて打ち粉をし、再び2〜3cm厚さの円盤状に整えて同様に抜き、計4コつくる。残った生地は丸めて同じくらいの大きさに整える。

4　オーブン用の紙を敷いた天板に間隔をあけて**3**を並べ、表面に牛乳をはけで薄く塗る（写真2）。200℃のオーブンで16〜20分間焼き、網に移して冷ます。
※裏面にしっかり焼き色がついていれば、焼き上がりの目安。

5　ボウルにAを入れ、底を氷水に当てて、ハンドミキサーか泡立て器で七〜八分《ぶ》立てにする（七〜八分立てはP.6参照）。**4**を横半分に割り、下半分にクリームといちごを均等にのせ、上半分をのせる。

［1コ分430kcal　調理時間45分
（冷ます時間は除く）］

1
型がわりのグラスは、直径7cmくらいを目安に。4コ分の生地が抜ける。

2
焼く直前に牛乳を塗り、つやを出す。

# いちごのショートケーキ

スポンジ生地に、いちごと泡立てた生クリームをラフに重ねます。
難しいデコレーションがないので、気軽に楽しんでみてください。
スポンジは卵黄と卵白を一緒に泡立てる「共立て法」で、
ふんわりしながらも弾力のある食感に仕上げます。
卵液を温めながらしっかりと泡立てて、きめの細かい生地にするのがポイントです。

材料(直径15cm のスポンジ型1台分)

いちご　250g

スポンジ生地
- 卵　2コ
- はちみつ　小さじ1
- グラニュー糖　70g
- 薄力粉　60g
- バター(食塩不使用)　15g
- 牛乳　大さじ1½

シロップ
- グラニュー糖　大さじ2
- 水　50mℓ
- 好みのリキュール(キルシュ*、ラム酒〈ホワイト〉など／または水)　大さじ1

A
- 生クリーム　200mℓ
- グラニュー糖　小さじ2

* さくらんぼのリキュール。

つくる前にしておくこと

- いちごはヘタを取り、縦半分に切っておく。
- 薄力粉はふるっておく。
- スポンジ型にオーブン用の紙を敷いておく。
- オーブンは160℃に温めておく。

## いちごのショートケーキのつくり方

1

2

スポンジ生地をつくる。
ボウルに卵、はちみつ、グラニュー糖を入れ、ハンドミキサーの低速で混ぜ合わせる。卵がほぐれたら、ボウルの底を70～80℃の湯に当てて(湯煎)、ハンドミキサーの低速で卵液を泡立てる。人肌程度(約40℃)に温まったら湯煎から外す。

**1**の卵液が温かいうちに、すくうとリボン状に折り重なって落ちるまで、ハンドミキサーの高速で泡立てる。ハンドミキサーを低速にして全体をゆっくりと1分間ほど混ぜ、気泡のきめを整える。

5

6

オーブンから取り出し、型をひっくり返して生地を紙ごと取り出し、網にのせて冷ます。
※パーンとはってふくらんでいた生地がしぼんで、縁にしわが寄ってきたら、焼き上がりの目安。逆さにして冷ますと、上面がしぼんでしまうのを防げる。やけどに注意。手袋をはめて作業すること。

シロップの材料を容器に入れて混ぜる。ボウルにAを入れ、底を氷水に当てて、ハンドミキサーか泡立て器で七分《ぶ》立てにする(七分立てはP.6参照)。

3

4

ふるっておいた薄力粉を加え、ゴムべらで粉っぽさがなくなるまで混ぜる。小さめの鍋にバターと牛乳を入れて中火にかけ、バターを溶かす。沸騰してきたら火を止め、生地のボウルに加えて水っぽさがなくなるまで混ぜる。さらに40〜50回混ぜて、きめを整える。

つやが出たら、オーブン用の紙を敷いた型に流し入れる。型をトントンと2〜3回、台にたたきつけ、粗い気泡を消す。天板にのせ、160°Cのオーブンで30分間焼く。

7

8

ケーキを組み立てる。
**5**のスポンジ生地の紙を外し、パン切り包丁（なければ包丁）で厚みを半分に切る。断面と側面に**6**のシロップをはけで塗り、しみ込ませる。

スポンジ生地の下半分に**6**のクリームの¼量をのせてゴムべらでならし、いちご10〜12切れを並べる。その上に残りのクリームの⅓量をのせてならし、上半分のスポンジ生地をのせる。残りのクリームをのせて表面をならし、残りのいちごを飾る。冷蔵庫に2時間入れてなじませ、温めた包丁で好みの大きさに切る。

［全量1970kcal　調理時間1時間（スポンジ生地を冷ます時間、冷蔵庫でなじませる時間は除く）］

# バナナチョコマフィン

バナナをつぶして生地に混ぜ、ふんわり&しっとりと焼き上げたマフィン。
チョコレートは半分は溶かし、半分は刻んだ塊で加えて食感の違いを楽しみます。
ビターなココアアイシングが、バナナの甘みと相性抜群!

材料(直径6×高さ3cm のマフィン型*6コ分)
バナナ　2本(正味220〜240g)
好みの板チョコレート(市販)　100g
バター(食塩不使用)　50g
牛乳　大さじ1
A ┌ 卵　1コ
　│ グラニュー糖　80g
　└ 塩　1つまみ(1g)
B ┌ 薄力粉　150g
　└ ベーキングパウダー　小さじ1
ココアアイシング
│ 粉砂糖　80g
│ ココアパウダー(無糖)　15g
│ 水　大さじ1⅓

* 市販の耐油・耐熱の厚手で自立できるタイプの紙製カップで代用してもよい。

つくる前にしておくこと
・板チョコレートは約1cm四方に粗く刻んでおく。
・Bは合わせてふるっておく。
・マフィン型に同じくらいのサイズの耐熱・耐油のマフィン用紙カップを敷いておく。
・オーブンは180℃に温めておく。

1
粉っぽさがまだ残っている状態で加えるのがコツ。粉っぽさがなくなってから加えると、混ざりすぎて生地に粘りが出てしまい、ふんわりと仕上がらない。

2
バナナを上面にのせ、香ばしく焼く。

**1** バナナは皮をむいて3mm幅の斜め切りにし、18枚をトッピング用にとりおく。残りはボウルに入れ、フォークの背で粗くつぶす。

**2** 刻んだチョコレートの半量、バター、牛乳を別のボウルに入れ、底を70〜80℃の湯に当てて(湯煎)、5〜10分間おく。チョコレートとバターが溶けたら泡立て器で混ぜ、湯煎から外す。Aを加えて混ぜ合わせる。

**3** **2**にふるっておいたBを加え、ゴムべらで混ぜ合わせる。粉っぽさが半分くらい残る程度に混ざったら、**1**のつぶしたバナナと**2**の残りのチョコレートを加えて粉っぽさがなくなるまで混ぜ合わせる(写真1)。

**4** 紙カップを敷いたマフィン型に**3**を等分にスプーンですくい入れ、トッピング用のバナナを上面に等分にのせる(写真2)。天板にのせ、180℃のオーブンで様子を見ながら20〜25分間焼く。紙カップごと型から取り出して網にのせ、粗熱を取る。
※生地の中心に竹串を刺し、生の生地がつかなければ焼き上がりの目安。

**5** ボウルにココアアイシングの材料を入れ、泡立て器でよく混ぜる。これを**4**の上面にスプーンの背で塗り広げ、15分間ほどおいて表面を乾かす。

[1コ分400kcal　調理時間40分(チョコレートを湯煎する時間、粗熱を取る時間、アイシングを乾かす時間は除く)]

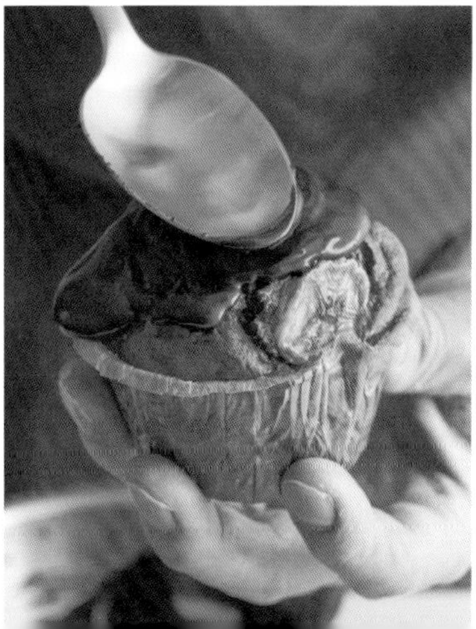

# バナナドーナツ

濃厚なバナナ風味の、オールドファッションタイプのドーナツです。
生地に混ぜるバナナは、電子レンジで温めてからつぶすと
ほかの材料となじみやすくなり、一体感が出ます。

材料（9コ分）

バナナ　2本（正味220～240g）

A
- バター（食塩不使用／または植物油）　20g
- グラニュー糖　大さじ2
- 塩　1つまみ（1g）

卵　1コ

B
- 薄力粉　200g
- ベーキンングパウダー　小さじ2

薄力粉（打ち粉用）　適量

植物油　適量

グラニュー糖　大さじ2～3

つくる前にしておくこと

・Bは合わせてふるっておく。

1

粉っぽさがなくなるまで混ぜてしまうと、生地に粘りが出てしまい、サクサクに仕上がらない。

2

揚げている間に生地が開いてバナナが表面に出てくるので、バナナは完全に包み込まなくてもよい。

1　バナナ1本は皮をむき、適当な大きさに折って耐熱ボウルに入れ、ラップをして電子レンジ（600W）に1分30秒間かける。熱いうちにフォークでつぶし、Aを順に加えてそのつど混ぜる。卵を加えて混ぜ合わせる。ふるっておいたBを加え、粉っぽさが少し残る程度までゴムべらでサックリと混ぜ合わせる（写真1）。

2　**1**の生地をラップで包み、冷蔵庫で30分間休ませる。残りのバナナ1本は皮をむき、9等分の輪切りにする（約2cm厚さになる）。

3　生地をラップから取り出し、包丁で9等分に切る。生地を1コ手にとって平らにし、**2**のバナナ1切れを中央に置いて包む（写真2）。生地がべとつくようなら、打ち粉をふる。残りも同様にする。

4　鍋に植物油を5～6cm深さまで入れて160℃に熱し、**3**を半量入れて2分30秒間揚げる。揚げ色がしっかりついたら、菜箸やトングで上下を返し、さらに1分30秒～2分間揚げる。残りも同様に揚げ、網にのせて油をしっかりときる。熱いうちにボウルに入れ、グラニュー糖を加えてまぶす。

［1コ分240kcal　調理時間30分
（生地を休ませる時間は除く）］

# バナナケーキ

僕のバナナケーキのレシピの中で、バナナの量が史上1位！
バナナが多いぶん、粘りが出て重くなるので、
かたくり粉を加えてフワッと仕上げます。

材料（21×16.5×高さ3cmの耐熱のバット1台分）

バナナ　3本（正味330～360g）
プレーンヨーグルト（無糖）　大さじ1
A
- バター（食塩不使用）　70g
- 砂糖　50g
- 塩　1つまみ（1g）

卵　1コ
B
- 薄力粉　80g
- かたくり粉　10g
- ベーキングパウダー　小さじ1
- シナモンパウダー　小さじ½

くるみ（ローストしたもの）　50g

つくる前にしておくこと

・バターは常温に戻して柔らかくしておく。
・卵は常温に戻しておく。
・Bは合わせてふるっておく。
・くるみは1cm大に粗く刻んでおく。
・耐熱のバットにオーブン用の紙を敷いておく。
・オーブンは180℃に温めておく。

1 バナナは皮をむき、半量は3mm厚さの輪切りにし、残り半量はボウルに入れてフォークでつぶし、ヨーグルトを加えて混ぜる（写真1）。

2 別のボウルにAを入れ、泡立て器で白っぽくなってふんわりとするまですり混ぜる。卵を加え、混ぜ合わせる。

3 **2**にふるっておいたBを加え、粉っぽさが少し残る程度までゴムべらで混ぜ合わせる。**1**のつぶしたバナナと刻んだくるみを加え、粉っぽさがなくなるまで混ぜ合わせる。

4 オーブン用の紙を敷いたバットに**3**を入れ、表面をならす。**1**の輪切りにしたバナナを並べる（写真2）。天板にのせ、180℃のオーブンで30～33分間焼く。バットから紙ごと取り出して網にのせ、冷ます。
※生地の中心に竹串を刺し、生の生地がついてこなければ焼き上がりの目安。

［全量1770kcal　調理時間45分
（冷ます時間は除く）］

1
バナナがねっとりとするまでつぶしたら、ヨーグルトを加える。

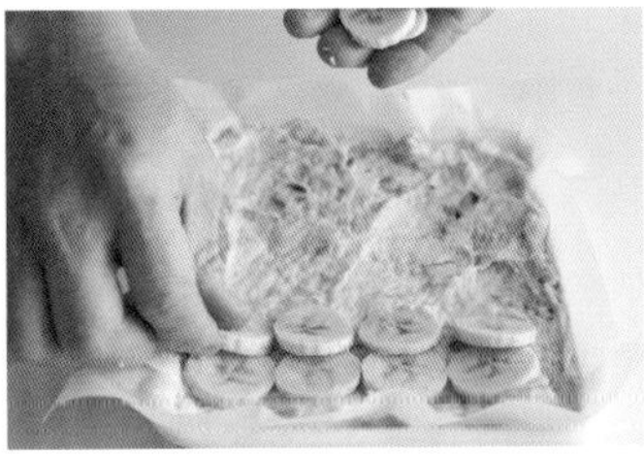

2
バナナは少し重ねて表面を覆うように並べていく。

# タルトタタン

ココットで小さく焼いた、かわいらしいタルトタタン。
りんごは煮ないで、低温のオーブンで素焼きしてから本焼きにするのが特徴です。
素焼きして水分をとばしているので、りんごの凝縮した風味と、
煮りんごより弾力のある、しっかりとした果肉感が味わえます。
紅玉が最適ですが、この方法だと、紅玉以外のりんごを使ってもおいしくできます。

**材料（直径7×高さ4cm・容量90mℓ
のココット5コ分）**

りんご*　2〜3コ（正味600g）
冷凍パイシート（約20cm四方）　1枚
キャラメル
　グラニュー糖　大さじ2
　水　小さじ2
　バター（食塩不使用）　10g

* 紅玉、ふじなど酸味が強い種類がよい。

**つくる前にしておくこと**

- 天板にオーブン用の紙を敷いておく。
- オーブンは100℃に温めておく。

九分《ぶ》立て（九分立てはP.6参照）に泡立てた
生クリームかバニラアイスを添えても。

## タルトタタンのつくり方

1

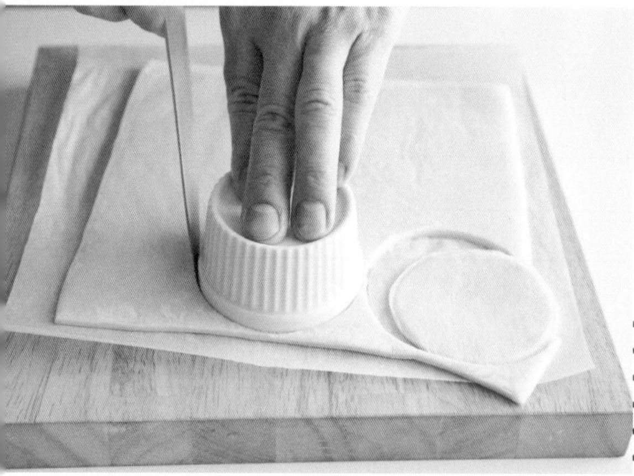

冷凍パイシートを冷凍庫から出し、30〜60秒間おいて切りやすくする。ココットを逆さまにして生地に当て、ココットに沿って生地を包丁で丸く切り抜く。

2

切り抜いたパイ生地1枚につき4〜5か所、フォークで穴を開ける。バットに並べてラップをし、使う直前まで冷蔵庫に入れておく。

5

**3**のりんごを**4**のココットに詰め、天板にのせてオーブンに入れる。170°Cに温度を上げて25〜30分間焼く。

※焼き上がって冷ます過程で中央がしぼんでくるので、りんごは中央がこんもりと高くなるように詰める。

6

オーブンから取り出し、ココットから飛び出たりんごをフォークで押し込み、キャラメルが上がってくるまで、フォークの背でグイグイと押す。

※やけどに注意。手袋をはめて作業すること。

3

りんごは皮をむき、縦に12等分の放射状に切って芯と種を除き、長さを半分に切る。オーブン用の紙を敷いた天板に並べ、100℃のオーブンで約40分間、しんなりして縁が少し色づくまで焼く。
※オーブンの最低温度が110〜120℃の場合は、最低温度で30分間ほど焼く。焼き時間は様子を見ながら加減する。

4

キャラメルをつくる。小さめの鍋にグラニュー糖を入れ、中火にかけて溶かす。色づいてきたら火を止め、余熱で褐色になってきたら、分量の水とバターを加え（はねやすいので注意）、耐熱のゴムべらで混ぜ合わせる。すぐにココットに均等に注ぐ。
※ココットに注ぐ前にキャラメルが固まったら、再び火にかけて温めるとよい。

7

**2**のパイ生地を1枚ずつ**6**にかぶせ、再び170℃のオーブンで30分間焼いてパイ生地に火を通す。ココットごと網にのせて粗熱を取り、冷蔵庫で1〜2時間冷やす。

8

ココットの底を70〜80℃の湯に30〜40秒間つけて温め、固まったキャラメルを溶かす。皿をかぶせ、ココットごと逆さまにして取り出す。

［1コ分160kcal　調理時間2時間（粗熱を取る時間、冷蔵庫で冷やす時間は除く）］

# キャラメルりんごのアーモンドケーキ

アーモンドが香るしっとりと口当たりのよい生地に、
キャラメルでソテーしたりんごがカリッと香ばしいアクセント。
りんごのかわりにバナナや柿でアレンジしても。

材料（21×16.5×高さ3cmの耐熱のバット1台分）

キャラメルりんご
- りんご　（小）1コ（約150g）
- グラニュー糖　大さじ1
- バター（食塩不使用）　15g

アーモンド生地
- アーモンドパウダー　100g
- グラニュー糖　80g
- 卵　2コ
- バター（食塩不使用）　50g
- 薄力粉　60g
- ベーキングパウダー　小さじ½

アーモンドスライス　30g

つくる前にしておくこと
- アーモンド生地のバターは小さめの鍋に入れ、中火で溶かしておく（溶かしバター）。
- 薄力粉とベーキングパウダーは合わせてふるっておく。
- 耐熱のバットにオーブン用の紙を敷いておく。
- オーブンは170 ℃に温めておく。

**1** キャラメルりんごをつくる。りんごは皮をむき、2〜3cm幅のくし形に切って芯と種を除き、横に3cm厚さに切る。鍋にグラニュー糖を入れ、中火にかける。グラニュー糖が溶けてキャラメル色になってきたら、りんごとバターを加え、からめるように混ぜながら炒める（写真1）。バットなどに取り出して粗熱を取る（完全に冷めなくてよい）。

**2** アーモンド生地をつくる。ボウルにアーモンドパウダーとグラニュー糖を入れ、泡立て器で軽く混ぜる。卵を加え、白っぽくもったりとするまで、しっかりと混ぜ合わせる。溶かしバターを加え、混ぜ合わせる。合わせてふるっておいた薄力粉とベーキングパウダーを加え、粉っぽさがなくなるまで混ぜる。

**3** オーブン用の紙を敷いた耐熱のバットに**2**の生地を流し入れてならし、**1**をのせる（写真2）。アーモンドスライスを全体に散らし、天板にのせる。170℃のオーブンで30〜35分間焼く。紙ごとバットから取り出して網にのせ、冷ます。
※生地の中心に竹串を刺し、生の生地がつかなければ焼き上がりの目安。

［全量2070kcal　調理時間1時間
（冷ます時間は除く）］

1
りんご全体が茶色になり、縁が透き通ってくるまで炒める。

2
生地の上に、キャラメルりんごをザックリと均等に散らす。

# バトンアップルパイ

りんごは甘煮にしないでマリネにし、煮る手間を省きます。
そのぶん、パイシートにカステラを敷き、りんごの水分を吸わせながら焼くのがポイント。
フレッシュ感が残り、りんごの香りや甘酸っぱさが引き立つ味わいです。

材料（つくりやすい分量）

りんご　1コ（200g）

A
- グラニュー糖　大さじ1～2
- シナモンパウダー　小さじ¼

B
- レモン汁　大さじ1
- バニラエッセンス　少々

冷凍パイシート（約20cm四方）　1枚
溶き卵　適量
カステラ（市販／5mm厚さに切ったもの）　3切れ
グラニュー糖　小さじ⅓～½

つくる前にしておくこと

- オーブン用の紙を23～25×16cm幅に切っておく。
- オーブンを200°Cに温めておく。

1
重ねるパイシートが接着するように、溶き卵を塗る。

2
カステラは左右に重ねたパイシートの上にはのせない。カステラがはみ出すようなら、カステラの端を切り落とす。

3
グラニュー糖をふるのは、りんごから水分が出すぎないようにするため。

1 りんごは皮付きのまま四つ割りにして芯と種を除き、縦に2mm厚さに切る。ボウルに入れ、Aを混ぜて加える。Bを加えて手で軽くあえ、5～10分間おいてマリネする。
※手であえるときは、りんごを割らないようにやさしくあえる。

2 冷凍パイシートを冷凍庫から出し、30～60秒間おいて切りやすくする。両端を3cm幅に包丁で切り分ける（真ん中は約14cm幅になる）。切っておいたオーブン用の紙に14cm幅のパイシートを置き、表面に溶き卵をはけで薄く塗る（写真1）。14cm幅のパイシートの左右に3cm幅のパイシートをのせて貼りつけ、中央にカステラを並べる（写真2）。

3 1のりんごをカステラの上に少し重ねるように並べる。左右に重ねたパイシートの表面に溶き卵をはけで薄く塗る。りんごの上に、ボウルに残ったマリネ液をかける。

4 りんごにグラニュー糖をふり、オーブン用の紙ごと天板にのせる（写真3）。200°Cのオーブンで25～30分間焼く。紙ごと網にのせて粗熱を取り、3～4cm幅に切り分ける。
※焼く途中、焦げそうになったら、アルミ箔《はく》をかぶせるとよい。

［全量970kcal　調理時間45分
（粗熱を取る時間は除く）］

# フルーツのお菓子に合わせる お茶とコーヒーの話

## 冷たいお菓子には、フルーツのみずみずしさが引き立つ飲み物を

　お菓子に合わせる飲み物は、濃い味のお菓子か、軽い味のお菓子かで、お茶やコーヒーを濃くいれるか、あっさりめにいれるかを考えます。けれども、フルーツを使ったお菓子に合わせる場合は、少し気をつけます。フルーツには酸味や香りがあるので、例えばバターを使った焼き菓子だからといっても、うっかり濃くいれた飲み物を合わせると、フルーツの味を邪魔してしまうからです。

　ひんやりとしたフルーツのお菓子には、少し浅くいれたダージリンティーや中国茶をよく合わせます。どちらもフワッと香る程度で渋みが軽いので、フルーツのみずみずしさが引き立ちますよ。コーヒーにするなら、酸味が柔らかな水出しコーヒーか、中深いりの豆を浅くいれるのがおすすめです。

## 自家製フルーツティー

食べきれないほどフルーツがあるときは、自家製フルーツティーを楽しむこともあります。薄くいれたお茶に、フルーツの皮や果肉を加えて2～3分間蒸らすだけ。お茶は香りが強くないもののほうが、フルーツのフレーバーを楽しめます。紅茶ならダージリン、中国茶ならジャスミン茶やウーロン茶がおすすめです。または好みのハーブティーでも。僕はフルーツと一緒にミントの葉も加え、飲み口をすっきりとさせるのが好きです。

## 焼き菓子は生地によって、フルーツとの相性を考える

フルーツを使った焼き菓子で、オイル感の軽いものには、アッサムミルクティーや、ハーブティー、浅いりのコーヒーのストレート、または深いりコーヒーでつくったカフェオレを合わせます。焼けた小麦粉の香りやフルーツの味と相性がいいんですね。サッと気分転換したいお茶の時間に、とてもよい組み合わせです。

こっくりどっしりとした焼き菓子には、香りの華やかなお茶を合わせます。紅茶ならウバやアールグレイ、中国茶ならプーアル茶やジャスミン茶を少し濃くいれて合わせるのが好きです。茶葉の強い香りとフルーツの風味をマリアージュさせ、こってりとした生地やクリームの味わいを軽くします。コーヒーは深いりか、中深いりのブラジル豆やエチオピア豆がおすすめ。濃いめにいれると、フルーツの酸味や香りとバランスがよくなります。

また、日本茶は、緑茶でもほうじ茶でも、濃くいれすぎなければ、どんなフルーツのお菓子にもオールマイティーに合います。気分はどうしても和風になってしまうけれど、どのお茶にしようか迷ったら、日本茶を選ぶといいですよ。

# フルーツサンド

フルーツパーラーで不動の人気といえば、フルーツサンド。
手軽なパック入りのカットフルーツを使えば、キラキラ宝石箱のよう！
すっきりと軽やかなクリームで、フルーツのもち味が存分に楽しめます。

材料（2人分）

カットフルーツ（または好みのフルーツ）
　100〜120g
クリーム
　生クリーム　200mℓ
　プレーンヨーグルト（無糖）　大さじ2
　はちみつ　大さじ1
食パン（8枚切り）　4枚

つくる前にしておくこと

・カットフルーツは、大きいものは3〜4cm大を目安に切っておく。

**1** クリームをつくる。ボウルに生クリームを入れ、底を氷水に当てて、ハンドミキサーか泡立て器で八分《ぶ》立てにする（八分立てはP.6参照）。ヨーグルト、はちみつを加えて混ぜ合わせる。

**2** 食パン2枚に**1**のクリームを¼量ずつゴムべらで塗り広げる。カットフルーツを半量ずつ並べ、残りのクリームを半量ずつのせる（写真1）。残りのパンを1枚ずつ重ねてラップでピッチリと包み、冷蔵庫で15分間ほど休ませる（写真2）。

**3** みみを切り落とし、温めた包丁で十文字に切って4等分にする。

［1人分660kcal　調理時間15分
（冷蔵庫で休ませる時間は除く）］

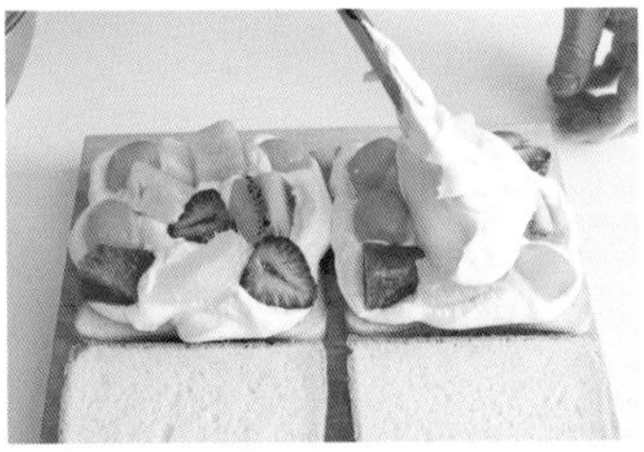

1

カットフルーツは、切ったときの断面を考えて彩りよく並べる。

2

ラップで包んで休ませることで、全体がなじんで切りやすくなる。

# ぶどうの白ワインゼリー

白ワインとぶどうのハーモニーが甘美な味わい。
ぶどうは透けて見えるくらいに薄く切ると、ユルユルのゼリーと一体化して極上の口当たりに。
１種類のぶどうでもかまいませんが、２色にすると華やかです。

材料（容量120mℓのグラス4～5コ分）
ぶどう（中粒／好みの種類）　12～15粒
白ワイン　200mℓ
グラニュー糖　50g
A［水　大さじ1
　 粉ゼラチン　4g*
＊ 少し堅くはなるが、1袋（5g）でつくってもよい。

**1** 小さな器にAの水を入れ、粉ゼラチンをふり入れて2～3分間おき、ふやかす。ぶどうは皮付きのまま1～2mm厚さの輪切りにする。種があれば除き、グラスに等分に入れる。

**2** 小さめの鍋に白ワインとグラニュー糖を入れ、中火にかける。沸騰してグラニュー糖が溶けたら火を止め、**1**のふやかしたゼラチンを加え、耐熱のゴムべらでゆっくりと混ぜて溶かす。水200mℓを加え、温度を下げてボウルに移す。底を氷水に当てて、とろみがつくまで時々混ぜながら冷ます。

**3** **2**を**1**のグラスに等分に静かに注ぎ入れる（写真）。ラップをかけ、完全に固まるまで冷蔵庫で1～2時間冷やす。

［1コ分70kcal　調理時間15分
（冷やし固める時間は除く）］

ゼリー液は勢いよく注ぐと、気泡ができてしまうので気をつけて。

もし表面に気泡ができたら、竹串でつぶすとよい。

# いちじくのコンポート

アツアツのコンポート液をいちじくに回しかけ、余熱で味を含めます。
半生状になったいちじくは程よく味がしみて、ふっくらなめらか。
コンポート液にバニラビーンズを加え、甘いフレーバーをプラスしても。

材料（つくりやすい分量）
いちじく　5〜6コ（500g）
コンポート液
赤ワイン　400mℓ
水　100mℓ
グラニュー糖　150g
レモン汁　小さじ2
ローリエ　1枚
シナモンスティック　1本

熱いコンポート液を回しかけ、いちじくに熱を入れながら味を含ませる。

**1** いちじくは底の部分を少し平らに切り落とし、軸はつけたまま薄く皮をむいて耐熱ボウルに敷き詰める。隙間に皮を入れる。
※皮を加えると香りが増し、色もきれいに仕上がる。

**2** 鍋（酸に弱いアルミ製以外のもの）にコンポート液の材料を入れて中火で沸騰させ、火を止める。

**3** **2**が熱いうちに、**1**にゆっくりと回しかける（写真）。いちじくが水面から出ないように、厚手のペーパータオル（不織布タイプ）で表面を覆う。ラップをして冷まし、そのまま冷蔵庫でよく冷やす。
※皮、ローリエ、シナモンスティックを除いて清潔な保存容器に移し、いちじくがコンポート液につかった状態にして冷蔵庫で4〜5日間保存可能。

［全量920kcal　調理時間15分
（冷ます時間、冷やす時間は除く）］

### 残ったコンポート液の楽しみ方

いちじくの風味が移ったコンポート液は、バットに流し入れて冷凍庫で凍らせ、フォークで砕いて「シャーベット」（写真手前）に。ゼラチンで好みの堅さに冷やし固めて「ゼリー」（写真奥）に。残り物のアレンジとは思えないほど美味！

**好みのアイスクリームと盛り合わせて、デザートに。**

# いちじくかん

流しかんは使わずに、パウンド型でテリーヌのように仕上げた寒天です。
いちじくは半量は刻んでエキスを出し、残りの半量はいちじくの形を残します。
プチプチとした独特の食感と、寒天に閉じ込めた甘い香りを楽しみましょう。

材料（18×9×高さ6.5cmのパウンド型1台分）
いちじく　4〜5コ（400g）
グラニュー糖　70g
赤ワイン（またはレモン汁）　大さじ2
A［水　カップ1½
　 粉寒天　1袋（4g）

1
いちじくは加熱すると香りがよくなるので、しっかりと火を通す。

2
寒天はゼラチンと違って常温で固まり始めるので、手早く流し入れる。

**1** いちじくは軸と底を切り落とし、皮付きのまま四〜六つ割りにする。半量は粗く刻んで鍋に入れる。残り半量は型に並べて、使う直前まで冷蔵庫に入れておく。

**2** 鍋に入れたいちじくにグラニュー糖と赤ワインを加え、耐熱のゴムべらでしっかりとつぶす。中火にかけ、耐熱のゴムべらで混ぜながら煮る。沸騰したら弱火にし、フツフツと沸騰した状態で2分間、混ぜながら煮る（写真1）。ボウルに移して粗熱を取る。

**3** 小さめの鍋にAの水を入れて粉寒天をふり入れ、1〜2分間おいて中火にかける。沸騰してきたら弱火にし、フツフツと沸騰した状態で2分間煮る。途中、泡立て器で時々混ぜ、鍋の側面に寒天液がついて焦げないようにする。火を止め、そのまま1〜2分間おく。
※沸騰直後の寒天液に糖分や酸味のあるものを加えると、寒天の凝固力が低下して固まらなくなる場合があるので、火を止めて少しおく。

**4** **2**のボウルに**3**を流し入れて混ぜ、すぐに**1**のいちじくを並べた型に流し入れる（写真2）。常温で冷まし、固まったら冷蔵庫で1〜2時間冷やす。

**5** **4**に皿をかぶせ、型ごと逆さまにして強く振り、寒天を取り出す。包丁で食べやすい大きさに切る。

［全量490kcal　調理時間20分（粗熱を取る時間、冷まして固める時間、冷蔵庫で冷やす時間は除く）］

# 洋梨のキャラメルトライフル

洋梨のみずみずしさをそのまま楽しめる、パフェ風デザート。
本来はスポンジ生地を使いますが、市販のカステラで手軽に楽しみましょう。
ほろ苦くて香ばしいキャラメル風味が、洋梨の甘さを引き立てます。

材料（2～3人分）

洋梨　1コ（200g）

キャラメル

- グラニュー糖　50g
- 水　大さじ1
- 生クリーム　50mℓ

カステラ（市販）　5～6切れ

シロップ

- 水　大さじ2
- グラニュー糖　小さじ1
- 好みのリキュール（キルシュなど／または レモン汁）　小さじ1

生クリーム　150mℓ

アーモンドスライス（ローストしたもの）　50g

余熱で火が通りすぎないうちに生クリームを加え、手早く混ぜる。はねやすいので注意。

**1** キャラメルをつくる。鍋にグラニュー糖と分量の水を入れて耐熱のゴムべらで混ぜてなじませ、中火で煮立たせる。濃い褐色になったら火を止め、すぐに生クリームを加えて（写真）、耐熱のゴムべらでよく混ぜ、そのまま冷ます。

**2** 洋梨は皮をむいて芯と種を除き、2～3cm角に切る。カステラも2～3cm角に切る。シロップの材料は混ぜておく。

**3** キャラメルクリームをつくる。ボウルに**1**の半量と生クリームを合わせ、底を氷水に当てて、ハンドミキサーの高速で七分《ぶ》立てにする（七分立てはP.6参照）。

**4** カステラ、シロップ、洋梨、**3**のキャラメルクリーム、アーモンドスライスを順に、数回に分けて交互にグラスに盛る。冷蔵庫に1～2時間おき、なじませる。食べる直前に**1**の残りのキャラメルを適量かける。

［1人分710kcal　調理時間15分（キャラメルを冷ます時間、冷蔵庫でなじませる時間は除く）］

**キャラメルが全体をグッと引き締めます。**

キャラメルが余ったら、トーストやアイスクリームにかけて楽しんで。

# 柿のヨーグルトシフォン

専用の型は使わずに、バットで手軽に焼いた、フワフワのシフォンケーキです。
柿はマリネにして、半分は生地に混ぜて焼き、半分は仕上げにトッピング。
ヨーグルトを加えるので、しっとりと軽やかな口当たりです。

**材料**（21×16.5×高さ3cmの耐熱のバット1台分）

柿　1コ（正味200g）

A
- グラニュー糖　大さじ1～2
- レモン汁　少々

卵　2コ

B
- 植物油　大さじ2
- プレーンヨーグルト（無糖）　50g
- レモン汁　小さじ1

C
- 薄力粉　60g
- ベーキングパウダー　小さじ⅓

D
- グラニュー糖　50g
- 塩　小さじ¼

E
- 生クリーム　100mℓ
- グラニュー糖　小さじ½

しょうが汁　小さじ1

**つくる前にしておくこと**

- 卵は卵黄と卵白に分けて別のボウルに入れ、卵白は使う直前まで冷蔵庫に入れておく。
- Cは合わせてふるっておく。
- 耐熱のバットにオーブン用の紙を敷いておく。
- オーブンは180℃に温めておく。

1
すくうとツノの先端が緩く曲がる程度を目安に泡立てる。

2
柿のマリネの半量をまんべんなく散らす。

**1**　柿のマリネをつくる。柿はヘタを取って皮をむき、種があれば除いて2cm角に切る。ボウルに入れてAを加え、サックリと混ぜる。

**2**　卵黄を泡立て器で白っぽくなるまでよく混ぜ、Bを加えて混ぜる。ふるっておいたCを加え、粉っぽさがなくなるまで混ぜる。

**3**　メレンゲをつくる。冷やしておいた卵白にDを加えて軽く混ぜる。ハンドミキサーの高速で、きめが細かくなるまで泡立てる（写真1）。

**4**　**2**に**3**の⅓量を加えて泡立て器で混ぜ合わせる。残りの**3**を加え、メレンゲの泡の筋が見えなくなるまでゴムべらで混ぜ合わせる。オーブン用の紙を敷いた耐熱のバットに流し入れ、ゴムべらで（またはバットを揺らして）表面をサッとならす。**1**の半量を散らし（写真2）、天板にのせる。180℃のオーブンで20～23分間焼く。紙ごとバットから取り出して網にのせ、冷ます。紙をはがして好みの大きさに切り分け、器に盛る。
※オーブンで焼く間に焦げそうになったら、アルミ箔《はく》をかぶせるとよい。生地の中心に竹串を刺し、生の生地がつかなければ焼き上がりの目安。

**5**　Eをボウルに入れ、底を氷水に当てて、ハンドミキサーか泡立て器で七分《ぶ》立てにする（七分立てはP.6参照）。しょうが汁を加えて混ぜ、適量を**4**に添え、残りの柿のマリネをのせる。

［全量1460kcal　調理時間1時間
（冷ます時間は除く）］

# みかんのピーナツバターブラウニー

チョコレートとピーナツバターの濃厚な甘さのハーモニーに、
甘酸っぱいみかんがアクセントになるブラウニーです。
みかんは香りの強い皮ごと使い、生地には粗く刻んで混ぜ、
トッピングにはヒラヒラと薄い輪切りにして飾ります。
フィリングになるピーナツバターは、あえてムラが出るように混ぜるのがコツ。
塊感と塩味が感じられて、ダイレクトにおいしさが伝わります。

**材料(21×16.5×高さ3cmの耐熱のバット1台分)**

みかん　(小) 3コ
板チョコレート(市販／ブラック)　100g
ピーナツバター(加糖)　120g
グラニュー糖　40g
卵　2コ
A
- 薄力粉　大さじ1½
- ココアパウダー　大さじ1
- ベーキングパウダー　小さじ½

バターピーナツ　30g

**つくる前にしておくこと**

- バターピーナツは粗く刻んでおく。
- 耐熱のバットにオーブン用の紙を敷いておく。
- オーブンは170℃に温めておく。

## みかんのピーナツバターブラウニーのつくり方

1

みかんは皮付きのまま3mm厚さの輪切りにする。飾り用に6枚を取り分け、残りは粗く刻む。

2

ボウルに板チョコレートを割り入れ、ピーナツバターの⅓量を加える。底を70〜80℃の湯に当てて(湯煎)、泡立て器でゆっくりと混ぜる。チョコレートが溶けたら、湯煎から外す。

5

**4**に**1**の刻んだみかんを加える。**2**の残りのピーナツバターを3〜4か所に落とし入れ、ゴムべらで3〜4回混ぜ合わせる。

※ピーナツバターは分散して加えるとまだらに混ざり、生地になじんだ部分との食感の違いが楽しめる。

6

オーブン用の紙を敷いた耐熱のバットに**5**を入れてならす。

3

2にグラニュー糖と卵を加え、混ぜ合わせる。

4

3にAを加え、粉っぽさがなくなるまで混ぜ合わせる。

7

6の表面に刻んでおいたバターピーナツを散らし、飾り用のみかんを並べる。天板にのせ、170°Cのオーブンで25〜30分間焼く。バットごと網にのせて冷ます。

[全量1970kcal　調理時間1時間(冷ます時間は除く)]

# みかんのミルクティー蒸しパン

素朴なおやつの蒸しパンもスポンジ型でつくると、ホールケーキのように華やか。
こっくりとしたミルクティー風味と、みかんの爽やかな甘みがよく合います。
紅茶は濃く煮出し、水分をとばしてから生地に加えるのがポイント。

材料（直径15cmのスポンジ型1台分）

みかん　（小）2コ
紅茶葉（アールグレイがおすすめ）*1　5g

A
- 牛乳　50mℓ
- コンデンスミルク（または砂糖）　大さじ2

植物油　50mℓ

B
- 卵　3コ
- グラニュー糖（または砂糖）　90g

C
- 薄力粉　150g
- ベーキングパウダー　小さじ2
- ベーキングソーダ（重曹〈食用〉）*2　小さじ1
- 塩　1つまみ（1g）

*1 ティーバッグ2袋で代用してもよい。
*2 ベーキングソーダを加えると、冷めてもふんわり感が長もちする。なければベーキングパウダーを小さじ2½に増やすとよい。

つくる前にしておくこと

- Cは合わせてふるっておく。
- オーブン用の紙を25cm四方に切り、スポンジ型にピッタリと敷き込んでおく。

**1** みかんは皮をむいて白い筋をざっと除く。薄皮はむかずに、横に3〜5mm厚さの輪切りにする。

**2** 小さめの鍋に水大さじ2を入れて中火にかけ、沸騰したら火を止める。紅茶葉を加えてふたをし、3分間蒸らす。紅茶葉が広がったらAを加え、中火にかける。沸騰してきたら火を弱め、5分間煮詰める（写真1）。

**3** ボウルにざるを重ねて厚手のペーパータオル（不織布タイプ）を敷き、**2**を入れる。ペーパータオルで茶葉を包み、その上からゴムべらでギュッと押さえてこす。ボウルに植物油を加え、泡立て器で混ぜる。油がトロリと乳化したら、Bを順に加えてよく混ぜる。ふるっておいたCを加え、粉っぽさがなくなるまで混ぜ合わせる。
※油が表面に浮かずに液体とよくなじんだ状態が、乳化の目安。

**4** オーブン用の紙を敷いたスポンジ型に**3**の生地の半量を流し入れ、**1**の半量を中央をあけて並べる（写真2）。残りの**3**を流し入れ、残りの**1**を中央をあけて並べる。蒸気の上がった蒸し器に入れ、強火で5分間蒸して中火にし、40〜50分間蒸す。
※蒸し始めてから10分間はふたを開けない。開けてしまうと生地がふくらまなくなり、苦みが出てしまう。また、途中、蒸し器の水が足りなくなったら適宜足す。生地の中心に竹串を刺し、生の生地がつかなければ蒸し上がりの目安。

［全量1800kcal　調理時間1時間10分］

1
水分が少なくなり、鍋の底に線が描けるくらいにとろみがつくまで煮詰める。

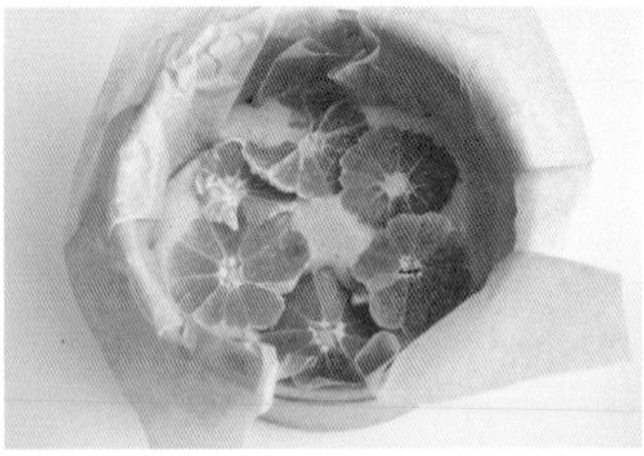

2
みかんを中央に置くと、生地のふくらみが悪くなってしまうので注意。

# みかんのパンナコッタ

ミルキーな風味に、みかんの酸味が爽やかなパンナコッタ。
ゼラチンは水ではなく牛乳でふやかし、
かんきつと相性のよいホワイトチョコレートで濃厚なコクをつけます。

材料（直径7×高さ6cm・容量150mℓのプリン型4コ分）
みかん　（小）3コ
牛乳　50mℓ
粉ゼラチン　1袋（5g）
板チョコレート（ホワイト／市販）　1枚（40g）
生クリーム　200mℓ
グラニュー糖　大さじ1

**1** 小さな器に牛乳を入れて粉ゼラチンをふり入れ、2〜3分間おいてふやかす。

**2** みかんは皮をむいて白い筋を除き、約3mm厚さの輪切りを4枚とり、プリン型の底に入れる（写真1）。残りは果汁を搾り、60mℓとっておく。板チョコレートは3cm四方くらいに粗く割る。

**3** 鍋に生クリームを入れて中火にかけ、フツフツと沸騰してきたら火を止める。グラニュー糖、チョコレートを順に加え、泡立て器でゆっくりと混ぜる。チョコレートが完全に溶けたら、**1**のふやかしたゼラチンを加えて混ぜ、溶かす。**2**の果汁を加えて混ぜる（写真2）。

**4** ボウルにざるを重ね、**3**をこす。底を氷水に当てて、ゴムべらでゆっくりと混ぜながら、とろみが出るまで冷やす。**2**の型に均等に流し入れ、冷蔵庫で1〜2時間冷やし固める。
※食べる時は、型の口のギリギリまでぬるま湯に10〜20秒間浸すか、型に皿をかぶせて上下を返し、しっかりと押さえて2〜3度強めに振って型から外す。

［1コ分320kcal　調理時間30分
（冷やし固める時間は除く）］

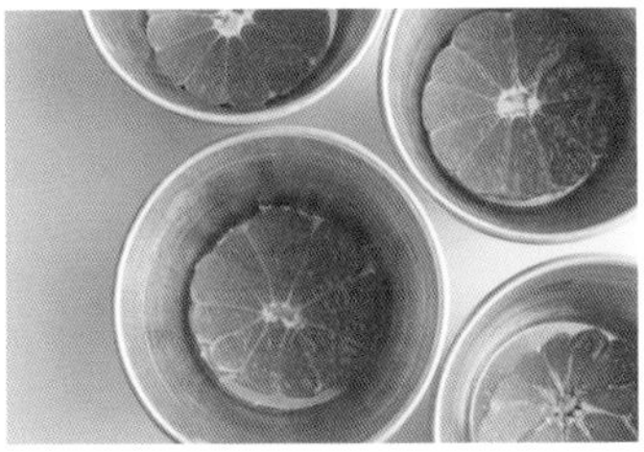

1
輪切りにしたみかんは、型の底径に近い大きさのものを選んで入れる。

2
果汁は香りがとばないように、仕上げに加える。

# きんかんの甘煮のフィナンシェ

きんかんを白ワイン入りのシロップで洋風の甘煮にして、
フィナンシェのフィリングにします。
専用の型のかわりにマフィン型で焼いた、丸っこいフォルムがチャーミング。
しっとりとした生地には、きんかんと相性のよい黒のすりごまをプラス。
ビターな風味を出す焦がしバターの火の入れ方がポイントです。
きんかんの甘煮は多めにつくり、「きんかんのベニエ」（P.62参照）にも活用します。

**材料（直径6×高さ3cmのマフィン型*6コ分）**

卵白　2コ分（80g）
砂糖　80g
A［アーモンドパウダー　40g
　 薄力粉　50g
　 すりごま（黒）　大さじ2
バター（焦がしバター用／食塩不使用）　80g
きんかんの甘煮（P.61参照）　12～18切れ
バター（型用／食塩不使用）　適量

＊ 市販の耐油・耐熱の厚手で自立できるタイプの
紙製カップで代用してもよい。

**つくる前にしておくこと**

・マフィン型に型用のバターを厚めに塗っておく。
・オーブンは190℃に温めておく。

## きんかんの甘煮のフィナンシェのつくり方

1

ボウルに卵白と砂糖を入れ、泡立て器で少し白く泡立つくらいに混ぜる。Aを順に加え、粉っぽさがなくなるまで混ぜる。

2

焦がしバターをつくる。小さめの鍋にバターを入れて弱火にかける。完全に溶けたら弱めの中火にし、沸騰させる。きれいにした泡立て器で常に混ぜながら、茶褐色になるまで煮詰める。

※バターに色がつき始めてからは急速に茶褐色になっていくので、火を通しすぎて黒焦げにならないように注意する。心配なら、キャラメル色になった時点で火を止め、混ぜながら余熱で茶褐色になるまで火を通すとよい。

3

**1**に**2**の焦がしバターをすぐに加え、泡立て器で手早く混ぜ合わせる。

4

バターを塗った型に**3**をスプーンや玉じゃくしで均等に流し入れる。汁けをきったきんかんの甘煮を2～3切れずつ、生地の中心に埋め込む。190℃のオーブンで22～25分間焼く。型から取り出して網にのせ、冷ます。

※生地の中心に竹串を刺し、生の生地がついてこなければ焼き上がりの目安。

［1コ分280kcal　調理時間40分
（冷ます時間は除く）］

# きんかんの甘煮

すっきりとした甘さで、きんかんの風味を引き出します。
このまま、お茶請けやデザートにもおすすめです。

**材料（つくりやすい分量）**
きんかん　200g
シロップ
｜グラニュー糖*　70g
｜白ワイン（またはレモン汁）　大さじ2
｜水　50mℓ

＊砂糖60gで代用してもよい。グラニュー糖のほうがすっきりとした後味に仕上がる。

1

きんかんは横半分に切り、竹串で種を取り除く。

2

鍋にシロップの材料を入れて中火にかけ、沸騰してから1分間煮てアルコールをとばす。きんかんを加え、再び沸騰したら弱火にする。きんかんが水面から出ないように、厚手のペーパータオル（不織布タイプ）かオーブン用の紙をかぶせて8〜10分間煮る。

3

きんかんの縁が半透明になったら火を止め、そのまま冷ます。
※シロップごと清潔な保存容器に入れて冷蔵庫で約1週間保存可能。

［全量410kcal　調理時間30分（冷ます時間は除く）］

# きんかんのベニエ

ベニエはドーナツに似た、フランスやアメリカで人気の揚げ菓子です。
イーストで発酵させる生地は、サクッ、フワッと軽やかながら、
しっかりと弾力のある食感で食べごたえがあります。
きんかんの甘煮は刻んで生地に混ぜ、爽やかな甘い香りをプラス。
さらにソースがわりにかけて、ベニエと一緒にいただきましょう。
揚げたてはもちろん、冷めてもおいしく食べられます。

**材料（9コ分）**

きんかんの甘煮（P.61参照）（シロップごと）カップ1弱

A
- 牛乳　50mℓ
- 塩　1つまみ（1g）
- 溶き卵　½コ分
- バター（食塩不使用）　15g
- きんかんの甘煮（P.61参照）（汁けをきって）30g
- 強力粉　100g
- 薄力粉　50g
- ドライイースト　小さじ½

強力粉（打ち粉用）　適量
植物油　適量
粉砂糖　適量
生クリーム　適宜

**つくる前にしておくこと**

- 牛乳は耐熱容器に入れ、ラップはしないで電子レンジ（600W）に20秒間かけて温めておく。
- バターは小さめの鍋に入れ、中火で溶かしておく（溶かしバター）。
- Aのきんかんの甘煮はみじん切りにしておく。

## きんかんのベニエのつくり方

1

ボウルにAを入れ、ゴムべらで粉っぽさがなくなるまで混ぜ合わせる。

2

台に取り出し、手のひらの付け根で生地を手前から奥に向かってすり合わせ、堅さを均一にする。生地が台からはがれるようになったら、写真右のように一まとめにする。

5

生地の表面に打ち粉をふり、ボウルを逆さまにして、台に生地を落とす。手に打ち粉をつけ、生地の表面を軽く押さえてふくらみを平らにする。1.5cm厚さ、15cm四方に整える。

6

**5**を包丁で4～5 cm四方に切って9等分にする。

3

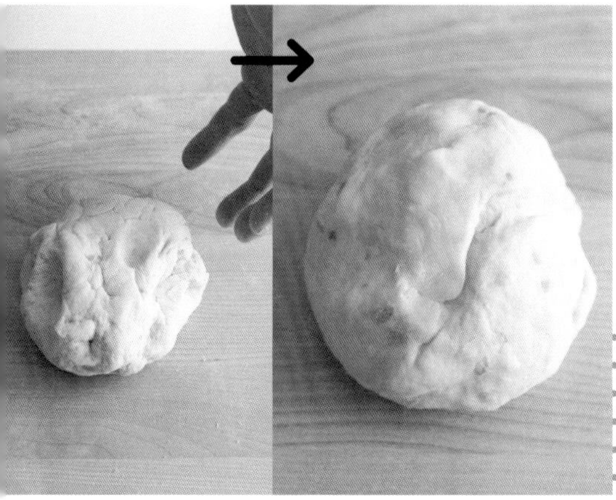

写真右のように表面がなめらかになるまで、両手で生地を持ち上げて50回ほど台にたたきつける。

4

発酵前　発酵後

生地の表面がピンとはるように丸め、ボウルに戻し入れる。堅く絞ったぬれ布巾をボウルにかけて常温に1時間ほどおき、約2倍の大きさにふくらむまで発酵させる。

7

鍋に植物油を5〜6cm深さまで入れて中火で180°Cに熱し、**6**を入れる。1分間ほどたったら上下を返し、1分間揚げる。きつね色に色づいていなければ、さらに20〜30秒間揚げる。網に取り出して油をきり、器に盛る。粉砂糖をふり、きんかんの甘煮をシロップごとかける。好みで八分《ぶ》立てにした生クリーム（八分立てはP.6参照）を添える。

［1コ分170kcal　調理時間30分
（発酵させる時間は除く）］

Column 2

# かんきつのシロップとパーラードリンク

自家製シロップを仕込んでおけば、フルーツパーラーの定番ドリンクが手軽に楽しめますよ。

## 柚《ゆ》子《ず》シロップ

## レモンシロップ

**材料（つくりやすい分量）**

柚子　4コ（300〜400g）

A
- はちみつ　200g（柚子の重量の約55%）
- グラニュー糖　140g（柚子の重量の約40%）

**1**　柚子はヘタを除き、皮付きのまま縦半分に切り、種を除きながら横に5mm厚さに切る。

**2**　清潔な保存瓶（口の広くないもの）に入れ、その上からAを加える。ふたをして約1週間常温におく。1日に1〜2回瓶を軽く揺すってなじませる。

［全量1330kcal　調理時間10分
（常温におく時間は除く）］

飲みごろ（2品共通）／約1週間後から。
保存（2品共通）／常温で1〜2か月間。

**材料（つくりやすい分量）**

レモン（国産）　3コ（400〜450g）

A
- グラニュー糖　350g（レモンの重量の約85%）
- はちみつ　大さじ2（42g／レモンの重量の約10%）
- 好みのハーブ（ローズマリーなど／あれば）　適宜
- バニラビーンズ（あれば）　1本

**1**　レモンは皮付きのまま2mm厚さの輪切りにする。

**2**　左記の「柚子シロップ」の**2**と同様につくる。

［全量1710kcal　調理時間10分
（常温におく時間は除く）］

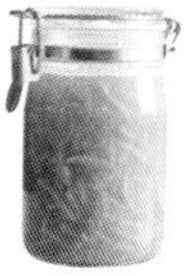

## 柚子シロップで

**柚子シロップは韓国の伝統茶・柚子茶の素《もと》。柚子は皮も果肉も丸ごと漬けます。**

### 柚子茶

お湯を注ぐだけで、柚子茶が手軽に楽しめます。

**材料（1人分）とつくり方**

耐熱カップに柚子シロップ（P.66参照）大さじ2を入れる。湯カップ¾を注ぎ、混ぜる。

### 柚子ヨーグルト

朝食にもおすすめのヨーグルトドリンクです。

**材料（1人分）とつくり方**

ミキサーに柚子シロップ（P.66参照）大さじ3、プレーンヨーグルト（無糖）カップ¼、牛乳80㎖を入れてかくはんし、グラスに注ぐ。

## レモンシロップで

**レモンシロップはハーブやバニラビーンズを入れると、香りや酸味がふくよかになります。**

### レモネード

レモンの香りと酸味でリフレッシュできます。

**材料（1人分）とつくり方**

耐熱カップにレモンシロップ（P.66参照）大さじ3とシロップ漬けのレモン1〜2枚を入れる。湯カップ¾を注ぎ、混ぜる。

### レモンスカッシュ

手づくりなら、好みの甘さに加減できます。

**材料（1人分）とつくり方**

グラスにレモンシロップ（P.66参照）カップ¼とシロップ漬けのレモン2〜3枚を入れる。炭酸水120㎖を注ぎ、混ぜる。

# オレンジのカステラプディング

オレンジが香る卵液をカステラにしみ込ませた簡単プディング。
表面はカリッと香ばしく、中はしっとりとした口当たりです。
温かいままでも冷めてもおいしい。

材料（容量600〜700mℓのグラタン皿1コ分）

ネーブルオレンジ（国産）*1　（小）2コ（約300g）

A
- 卵　1コ
- グラニュー糖　小さじ2
- プレーンヨーグルト（無糖）　50g
- 生クリーム*2　50mℓ

カステラ（市販）　6切れ

バター（食塩不使用）　少々

シナモンパウダー　適宜

*1 国産の清見オレンジ、はるか、不知火でもよい。酸味より甘みがたっているかんきつが合う。

*2 なければプレーンヨーグルト（無糖）を100gに増やすとよい。

つくる前にしておくこと

- グラタン皿にバターを薄く塗っておく。
- オーブンは220℃に温めておく。

1 ネーブルオレンジはレモンゼスター（かんきつ類専用の皮むき器）かおろし金で皮のオレンジ色の部分だけを削る。残った皮は包丁で切り落とし、果肉は2〜3mm厚さの輪切りを5枚とって半月形に切る。ボウルにざるを重ね、残りの果肉を搾って果汁をとり、ざるを外す。

2 **1**の果汁の入ったボウルにAを加え、泡立て器でよく混ぜる。**1**の削ったオレンジの皮を加えて混ぜ合わせる（写真1）。

3 カステラは対角線上に半分に切って三角形にし、バターを塗ったグラタン皿に並べ、**2**を全体に回しかける（写真2）。**1**の半月形に切った果肉を散らし、天板にのせる。220℃のオーブンで10〜12分間、オレンジの表面に焼き色がつくまで焼く。好みでシナモンパウダーをふる。

［全量1410kcal　調理時間30分］

1

果汁入りの卵液にオレンジの皮を加え、香りをつける。

2

卵液はまんべんなく回しかけ、カステラにムラなくしみ込ませる。

# グレープフルーツとローズマリーのミルクムース

グレープフルーツとローズマリーは相性のよい組み合わせ。
果肉は葉と一緒にマリネにし、フルフルのミルクムースのソースがわりに。
ミルクムースにもローズマリーの香りをつけて、一体感を出します。

**材料（容量180mℓのグラス4コ分）**

グレープフルーツのマリネ（つくりやすい分量）

- グレープフルーツ　1コ
- はちみつ　小さじ2
- ローズマリー（生）の葉　少々

生クリーム　150mℓ
牛乳　200mℓ
粉ゼラチン　1袋（5g）
ローズマリー（生）　1枝
グラニュー糖　40g

1
ふたをしたまま10分間おき、ローズマリーの香りを牛乳に移す。

2
ゴムべらで線が描けるくらいにとろみがつけばよい。

**1** グレープフルーツのマリネをつくる。グレープフルーツは上下の皮を包丁で1cmずつ切り落とし、側面の皮をそぎ落とす。包丁で果肉を房から取り出し、一口大にちぎってボウルに入れる。はちみつとローズマリーの葉を加えてあえ、使う直前まで冷蔵庫に入れておく。

**2** 別のボウルに生クリームを入れ、底を氷水に当てて、ハンドミキサーまたは泡立て器で七分《ぶ》立てにし（七分立てはP.6参照）、使う直前まで冷蔵庫に入れておく。

**3** 分量の牛乳から大さじ2を小さな器に入れ、粉ゼラチンをふり入れて2〜3分間おき、ふやかす。

**4** 小さめの鍋に残りの牛乳、ローズマリー、グラニュー糖を入れ、ゴムべらで軽く混ぜて中火にかける。沸騰してきたらふたをし、火を止めてそのまま10分間おく（写真1）。

**5** **4**の鍋からローズマリーを取り出し、**3**のふやかしたゼラチンを加えて混ぜる。鍋の底を氷水に当てて、ゆっくりとゴムべらで混ぜてとろみをつける（写真2）。

**6** **2**に**5**を加え、泡立て器で手早く混ぜ合わせる。グラスに均等に流し入れ、冷蔵庫で2〜3時間、しっかりと冷やし固める。**1**を適量ずつのせる。

［1コ分260kcal　調理時間30分
（冷やし固める時間は除く）］

# カスタードパイン

カスタードクリームの牛乳を、パイナップルのピュレで軽やかにアレンジ。
カラメルパインのビターな甘さに合うように、
弾力のあるカスタードプリンのような堅さに仕上げます。

**材料**（つくりやすい分量）
パイナップル（ピュレ用／生／カットしたもの）
　200g
卵黄　2コ分
グラニュー糖　大さじ2
薄力粉　30g
バター（食塩不使用）　5g
カラメルパイン
　パイナップル（生／カットしたもの）　200g
　バター（食塩不使用）　10g
　グラニュー糖　大さじ1

**1** ピュレ用のパイナップルはミキサーに入れ、ピュレ状になるまでかくはんする。カラメルパインのパイナップルは3cm幅、5mm厚さに切る。

**2** ボウルに卵黄を入れて泡立て器で溶きほぐし、グラニュー糖を加え、白っぽくなるまですり混ぜる。薄力粉を加え、粉っぽさがなくなるまで混ぜる。**1**のパイナップルのピュレを加え、混ぜ合わせる。

**3** 鍋に**2**を入れて中火にかけ、絶えず泡立て器で混ぜる。沸騰して固まってきたら弱火にし、よくかき混ぜる。なめらかになったら、さらに混ぜながら2分間煮詰める。火を止めてバターを加え、混ぜる（写真1）。

**4** バットに**3**を移し、ラップをピッチリとかける。ラップの上に保冷剤をのせて急冷する（写真2）。

**5** カラメルパインをつくる。フライパンに**1**の切ったパイナップルを入れて中火にかけ、トングなどで上下を返しながら両面を焼く。焼き色がついたら、バター、グラニュー糖を順に加え、耐熱のゴムべらでからめて取り出す。

**6** **4**が冷めたらまな板に取り出し、好みの大きさに切る。器に盛り、**5**のカラメルパインをのせる。

［全量710kcal　調理時間30分
（急冷する時間は除く）］

1
よく火を通して卵のコクを凝縮させてから、バターを加える。

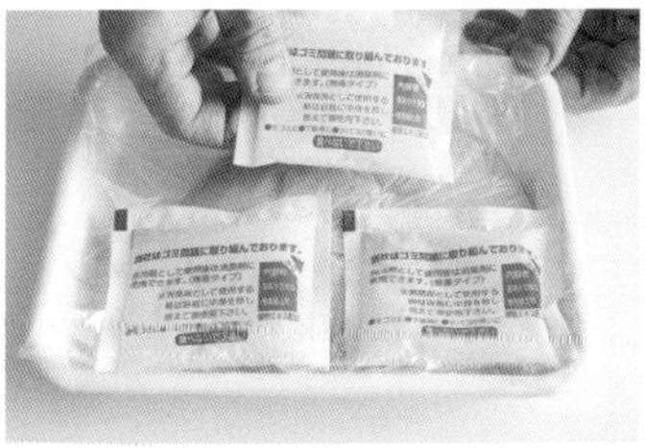

2
ゆっくり冷ますと傷みやすいので、必ず急冷する。

# キウイチーズアイスキャンデー

輪切りのキウイが、まるで大輪の花を咲かせたように目を引きます。
ヨーグルトを混ぜたチーズアイスは、さっぱりと軽やか。
キウイの甘酸っぱい風味が際立ちます。

**材料（22.5×11.8×高さ11.5cmの アイスキャンデー型 6本分）**

キウイ　2コ
グラニュー糖　大さじ3
チーズアイス
- クリームチーズ　150g
- プレーンヨーグルト（無糖）　100g
- グラニュー糖　大さじ3～4*

＊ キウイの甘さによって加減する。一般的なアイスクリームの甘さにしたい場合は、大さじ4が目安。

**つくる前にしておくこと**

・ クリームチーズは常温に戻す、あるいは耐熱容器に入れてラップをふんわりとし、電子レンジ(600W)に50～60秒間かけて柔らかくしておく。

**1** キウイは皮をむき、ごく薄い輪切り（約1mm厚さが目安）を12枚とり、アイスキャンデーの型の片側の側面に2枚ずつ並べて貼りつける（写真）。

**2** 残りのキウイはすりおろす。ボウルに入れてグラニュー糖を加え、ゴムべらで混ぜる。

**3** 別のボウルにチーズアイスの材料を入れ、泡立て器でよく混ぜる。スプーンで**1**の型の半分の高さまで加える。

**4** **3**に**2**を大さじ1強ずつ加える。型を軽くトントンと台に落とし、型の先端まできっちりと行き渡るようにし、ふたをする。木製スティックを差し、冷凍庫で3時間以上凍らせる。

［1本分170kcal　調理時間15分
（凍らせる時間は除く）］

輪切りにしたキウイを上下に2枚並べるように貼りつける。

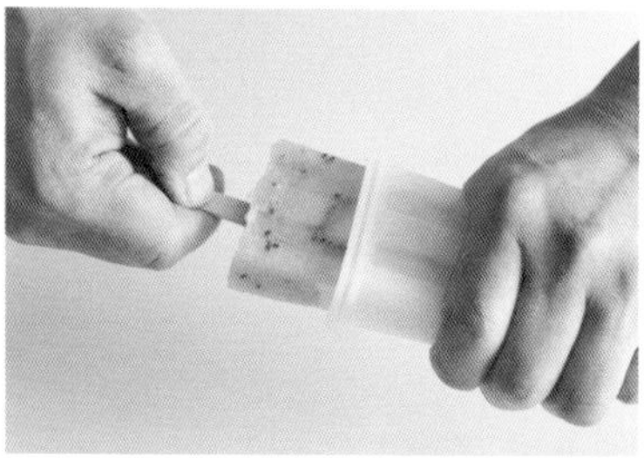

### 型の外し方

30～60秒間常温においてから、木製スティックをしっかりつかんで型から引っ張ると、きれいに抜けます。

### アイスキャンデーの型がない場合は

ミニサイズの紙コップを型のかわりに。輪切りにしたキウイを1枚ずつ底に敷き、チーズアイス、すりおろしたキウイを順に加え、カップアイス用の木製スプーンを差して冷凍庫で凍らせます。食べるときは紙コップに切り込みを入れ、破いてください。

# メロン杏仁豆腐

ジューシーなメロンは、こっくりミルク風味と好相性。
シロップは甘さ控えめの〝うす甘〟にして、
メロンのみずみずしい甘さと杏仁豆腐の風味を引き立てます。

材料（3〜4人分）
メロン（カットしたもの）　（正味）200g
シロップ
　水　150mℓ
　グラニュー糖　大さじ3
杏仁豆腐
　水　100mℓ
　粉ゼラチン　2袋（10g）
　牛乳　300mℓ
　グラニュー糖　大さじ2
　コンデンスミルク*　大さじ1
　アーモンドエッセンス　2〜3滴
ミントの葉（生）　適量

＊なければ杏仁豆腐のグラニュー糖を大さじ3にする。

**1** ボウルにシロップの材料を入れ、泡立て器でよく混ぜてグラニュー糖を溶かし、使う直前まで冷蔵庫で冷やしておく。

**2** 杏仁豆腐をつくる。小さな器に分量の水を入れ、粉ゼラチンをふり入れて3分間おき、ふやかす。鍋に牛乳、グラニュー糖、コンデンスミルクを入れて中火にかけ、泡立て器でゆっくり混ぜながら煮る。湯気が立って、鍋肌がフツフツとしてきたら火を止め、ふやかしたゼラチンを加え、ゆっくり混ぜて溶かす。アーモンドエッセンスを加える（写真1）。

**3** バット（25×20cmが目安）の上にざるを置き、**2**を流し入れてこす（写真2）。粗熱が取れたら、冷蔵庫で2時間冷やし固める。メロンは1.5〜2cm角に切り、ミントの葉とともに**1**のシロップに加える。

**4** **3**の杏仁豆腐が固まったら、1.5〜2cm角になるように包丁で切り込みを入れる。**3**のシロップに加え、全体をあえるようにサッと混ぜる。

［1人分160kcal　調理時間30分（杏仁豆腐の粗熱を取る時間、冷やし固める時間は除く）］

1

本来は杏仁霜（きょうにんそう）*を使うが、よく似た香りのアーモンドエッセンスで代用する。

＊あんずの種子の中にある仁を粉末にしたもの。

2

なめらかな口当たりに仕上げるため、ざるでこす。

# メロンのカスタードアイス

カスタードのやさしい甘さに、メロンの華やかな香りがフワッと香ります。
冷凍用保存袋で凍らせるので、手軽にできてストック場所にも困りません。
メロンはカスタードアイスが凍りかけてから加えるのがポイントです。

**材料(つくりやすい分量)**

メロン(赤肉/熟したもの)*1
(小)約½コ(正味200g)
グラニュー糖　適宜
A［卵黄　2コ分
　グラニュー糖　40g
牛乳　150mℓ
生クリーム*2　100mℓ
バニラエッセンス(あれば)　1〜2滴

*1 青肉でもよい。
*2 使う直前まで冷蔵庫で冷やしておく。

1 メロンは種を取って果肉を取り出し、2cm角に切る。食べて甘みが足りなければ、グラニュー糖を加えてあえ、好みの甘さにする。使う直前まで冷蔵庫に入れておく。

2 ボウルにAを入れ、泡立て器で白っぽくなるまですり混ぜる。鍋に牛乳を入れて中火で沸騰直前まで温め、ボウルに加えて混ぜる。

3 鍋に**2**を戻し入れて弱めの中火にかけ、焦がさないように絶えず耐熱のゴムべらでゆっくりと混ぜる。とろみがついたら(写真1)、火を止める。

4 鍋の底を氷水に当てて、生クリームとバニラエッセンスを加えて混ぜる。冷めたら冷凍用保存袋(Mサイズ)に入れ、空気を抜いて口を閉じ、冷凍庫に1〜2時間入れる。凍りかけたら取り出し、袋の口を開けて**1**のメロンを加える。

5 袋の口を閉じ、手袋をはめた手で、袋の上からメロンを粗くつぶすように全体をもむ(写真2)。再び冷凍庫に4〜5時間入れて完全に凍らせる。常温に1〜2分間おいてから、ディッシャーやスプーンですくって器に盛る。
※素手でもむと体温ですぐに溶けてしまうので、手袋をはめて作業する。

[全量900kcal　調理時間20分
(冷ます時間、凍らせる時間は除く)]

1
耐熱のゴムべらですくってみて、指でゴムべらに線が描けるくらいの堅さが目安(やけどに注意)。

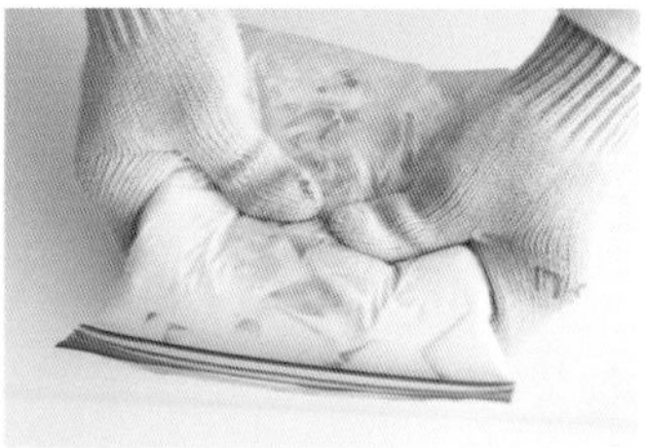

2
カスタードアイスが凍りかけてからメロンを混ぜると、水っぽくならずに、かつメロンが柔らかく仕上がる。

# すいかのシャーベット

すいかはつぶしすぎずに食感を残すと、風味を濃く味わえます。
レモン汁のかわりに白ワインやリキュールを加えても。
種に見立てたチョコレートのほろ苦い甘みがアクセント。

材料（21 ×16.5 ×高さ3cmのバット1台分）

すいか　⅛コ（500～600g）

A
- グラニュー糖　30g
- レモン汁　小さじ2
- はちみつ　小さじ1

好みの板チョコレート（市販）　適量

1 すいかは皮を除いて4～5cm角に切り、フォークで種を除く。重量を量り、350～400gをボウルに入れ、Aを加える。フォークの背で粗くつぶしながら、全体を混ぜる（写真1）。

2 バットに流し入れて表面をならし、ラップをして冷凍庫に1時間30分～2時間入れる。半分ほど凍ったらいったん取り出し、フォークで全体をかき混ぜる（写真2）。表面をならしてラップをし、冷凍庫で3～4時間凍らせる。

3 完全に凍ったら、フォークでかき混ぜる。器に盛り、板チョコレートを砕いて散らす。

［全量330kcal　調理時間15分
（凍らせる時間は除く）］

1

すいかをつぶす大きさは2～3cm角で、果汁にヒタヒタに浸るくらいが目安。

2

完全に凍る前にかき混ぜて空気を含ませると、口当たりよく仕上がる。

# すいかと白玉のラム黒糖シロップがけ

すいかのシャリシャリとした食感と、黒糖シロップのコクのある甘さがよく合います。
僕のレシピの白玉は、なめらかなモチモチ感で、極上の口当たりが楽しめますよ！
バニラアイスのかわりに市販のあんこをのせて、あんみつ風にアレンジしても。

材料（3～4人分）
すいか（カットしたもの）（正味）250～300g
ラム黒糖シロップ（つくりやすい分量）
　黒砂糖（粉末）　100g
　水　80mℓ
　ラム酒（ダーク）　小さじ2
A［白玉粉　50g
　　水　50mℓ
バニラアイスクリーム（市販）　適量

1 ラム黒糖シロップをつくる。小さめの鍋に黒砂糖と分量の水を入れ、耐熱のゴムべらで混ぜてなじませ、中火にかける。沸騰してアクが出たら丁寧に除き、弱火にして5分間煮る。ラム酒を加えて火を止め、冷ます。

2 ボウルにAを入れ、手で混ぜる。均一に混ざったら、耳たぶくらいの堅さになるまでしっかりとこね合わせる（写真1）。表面にラップをピッチリとかけて冷蔵庫で30分間休ませる。

3 **2**を直径2.5cmの筒状にのばし、包丁で2cm幅に切る。1コずつ丸め、真ん中を少し押さえてへこませる（写真2）。白玉は合計約20コできる。

4 鍋にたっぷりの湯を沸かして**3**の白玉を入れ、弱めの中火でゆでる。すべての白玉が表面に浮いて30～60秒間たったら、網じゃくしですくって氷水にとり、冷ます。

5 すいかは3cm角に切り、種が多ければ除く。器に盛り、**4**を水けをきって盛り合わせる。バニラアイスクリームをディッシャーなどですくってのせ、ラム黒糖シロップ適量をかける。

［1人分230kcal　調理時間20分（ラム黒糖シロップを冷ます時間、白玉を休ませる時間は除く）］

1
ボウルの側面に押しつけるようにしてこねる。こねてすぐにゆでるより、少し休ませたほうが口当たりがなめらかになる。

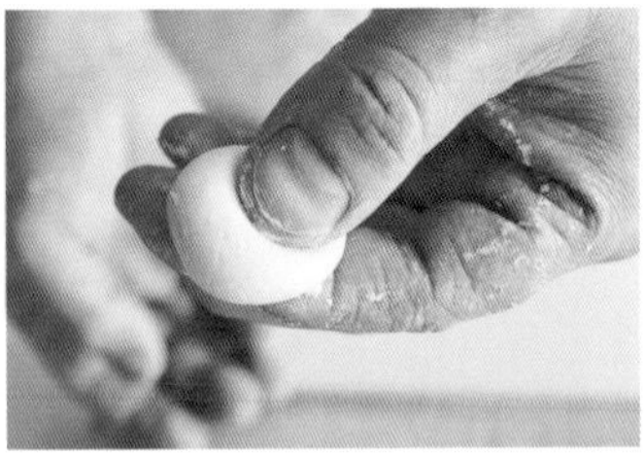

2
真ん中をへこませると火の通りが均一になり、早くゆで上がる。

# 桃のババロア

桃の風味がふんわりと漂う、口溶けのやさしいババロアです。
桃はマリネにして、半量はフレッシュで、半量はババロアに混ぜて、
２種類の口当たりが楽しめます。皮と種も香りづけに使うのがポイント。

材料（容量180mℓのグラス4～5コ分）

桃　2コ（460g）

A
- グラニュー糖　大さじ1
- レモン汁　大さじ1

牛乳　200mℓ

B
- 水　大さじ2
- 粉ゼラチン　4g*

C
- 卵黄　2コ分
- グラニュー糖　50g

生クリーム　150mℓ

＊ 少し堅くはなるが、1袋（5g）でつくってもよい。

**1** 桃のマリネをつくる。桃は皮をむき、種を除いて1～2cm角に切る。ボウルに入れてAを加え、あえる。皮と種もとっておく。

**2** 鍋に牛乳、**1**の桃の皮と種を入れ、中火にかける。沸騰してきたら火を止め、ふたをして5分間おく（写真1）。小さな器にBの水を入れ、粉ゼラチンをふり入れて2～3分間おき、ふやかす。

**3** 別のボウルにCを入れ、泡立て器ですり混ぜる。白っぽくなって細かい泡が立ったら、**2**の牛乳を皮と種ごと加えて混ぜる。鍋に戻し入れて弱めの中火にかけ、耐熱のゴムべらで絶えず混ぜながら火を通す。とろみがついたらゴムべらですくってみて、指でゴムべらに線が描けるくらいの堅さになったら（やけどに注意）火を止める。**2**のふやかしたゼラチンを加えて混ぜ、溶かす。

**4** ボウルにざるを重ねて**3**を流し入れ、ゴムべらで皮と種を押さえてこし取る（写真2）。ボウルの底を氷水に当てて、時々混ぜながら、とろみがつくまで冷ます。

**5** 別のボウルに生クリームを入れ、底を氷水に当てて、ハンドミキサーか泡立て器で七分《ぶ》立てにし（七分立てはP.6参照）、**4**に加えて混ぜる。

**6** グラスに**1**の桃のマリネの半量を等分に入れる。残りは汁ごと**5**に加えてサッと混ぜ、等分にグラスに注ぎ入れる。持ち上げて、布巾を敷いた台に軽く落とし、気泡を除く。冷蔵庫で3時間以上冷やし固める。

［1コ分270kcal　調理時間35分
（冷やし固める時間は除く）］

1
皮と種を加えたままふたをして少しおき、牛乳に香りを移す。

2
ゴムべらでギュッと押さえ、皮や種にしみ込んだババロア液をしっかりこし取る。

# 桃の紅茶ティラミス

桃、ヨーグルトクリーム、紅茶風味のカステラを重ねた、爽やかなティラミス。
ヨーグルトは水きりをして、チーズ風の濃縮した味わいを出すのがポイント。
紅茶シロップは桃の皮と種で香りを移し、桃との一体感を楽しみます。

材料（容量500mℓの器1コ分）

桃　1コ（300g）
プレーンヨーグルト（無糖）　300～350g
レモン汁　小さじ1
紅茶シロップ
　水　100mℓ
　紅茶葉（ティーバッグ）*　1袋
　グラニュー糖　大さじ1
A［生クリーム　150mℓ
　　グラニュー糖　小さじ1
カステラ（市販）　3～4切れ
板チョコレート（市販／ホワイト）　2枚（80g）

*アールグレイがおすすめ。

1
水きりヨーグルトの仕上がりは120～150gになる。

2
皮と種は香りが強いので、余すところなく使って風味を抽出する。

**1**　水きりヨーグルトをつくる。厚手のペーパータオル（不織布タイプ）をざるに敷いてボウルに重ね、ヨーグルトを入れる。冷蔵庫に3～4時間おき、水けをきる（写真1）。

**2**　桃は皮をむき、四～八つ割りにして種を除き、2cm角に切る。ボウルに入れ、レモン汁をかけてサッとあえ、ラップをして使う直前まで冷蔵庫に入れておく。皮と種もとっておく。

**3**　紅茶シロップをつくる。小さめの鍋に分量の水を入れて中火にかけ、沸騰したら**2**の皮と種を加える（写真2）。再び沸騰したら紅茶葉を加えて火を止め、ふたをして3分間蒸らす。別のボウルに重ねたざるでこし、皮と種、紅茶葉を取り除く。グラニュー糖を加えて混ぜ、溶かして冷ます。

**4**　別のボウルにAを入れ、底を氷水に当てて、ハンドミキサーか泡立て器で八分《ぶ》立てにし（八分立てはP.6参照）、**1**を加えて混ぜる。

**5**　カステラを1.5cm角に切り、器に敷き詰める。紅茶シロップ全量をスプーンでまんべんなくかけて湿らせる。**4**の半量をのせ、**2**の桃を全体に散らす。残りの**4**をのせてゴムべらで表面をならし、ラップをして冷蔵庫で1～2時間休ませる。板チョコレートをスプーンで薄く削り、表面に散らす。

［全量1960kcal　調理時間15分（ヨーグルトの水けをきる時間、紅茶シロップを冷ます時間、冷蔵庫で休ませる時間は除く）］

# ベリーベリーチーズケーキ

しっとりとなめらかで、濃厚な味わいが楽しめるベイクドチーズケーキです。
ミックスベリーの酸味が強いので、サワークリームやコンデンスミルクでまろやかにしました。
生地をこし、オーブンで湯煎焼きにするのが、なめらかに仕上げるポイント。

材料（18×9×高さ6.5cmのパウンド型1台分）

ミックスベリー（冷凍）　100g

A
- クリームチーズ　200g
- サワークリーム　90g
- グラニュー糖　大さじ3
- コンデンスミルク　大さじ1

卵　1コ

B
- 薄力粉　大さじ1½
- シナモンパウダー（あれば）　少々

好みのビスケット（市販）　4～5枚

つくる前にしておくこと

- クリームチーズ、サワークリームは常温に戻して柔らかくしておく。
- 卵は常温に戻しておく。
- パウンド型にオーブン用の紙を敷き、型の周りをアルミ箔《はく》で覆い（湯が入らないようにするため）、ビスケットを型の底に敷いておく（ビスケットが大きいようなら、小さく割って敷く）。

- オーブンは170℃に温めておく。

**1** ボウルにAを入れ、ゴムべらで練り混ぜる。卵を溶きほぐして加え、泡立て器で混ぜ合わせる。Bを加え、粉っぽさがなくなるまで混ぜ合わせる。別のボウルに重ねたざるに入れ、生地をこす。

**2** ミックスベリーを冷凍のまま**1**に加えてサッと混ぜ合わせ（写真1）、ビスケットを敷いた型に流し入れる。型をトントンと台に2～3回たたきつけて表面をならす。

**3** 型より一回り大きなバットに**2**をのせ、バットごと天板にのせる。型とバットの間に湯を2cm深さまで注ぎ入れる（写真2）。170℃のオーブンで35～40分間焼く（湯煎焼き）。
※チーズケーキの表面がはってふくらんでいたら、焼き上がりの目安。

**4** バットから型を取り出してアルミ箔を外し、型ごと網にのせて冷ます。冷蔵庫で3時間以上冷やし、なじませる。紙ごと型から取り出し、紙をはがして温めた包丁で切り分ける。
※オーブンから取り出すときは、湯煎の湯が熱いので、やけどしないように気をつける。

［全量1590kcal　調理時間55分
（冷ます時間、冷蔵庫で冷やす時間は除く）］

1
ミックスベリーが全体にまんべんなく行き渡るように混ぜ合わせる。

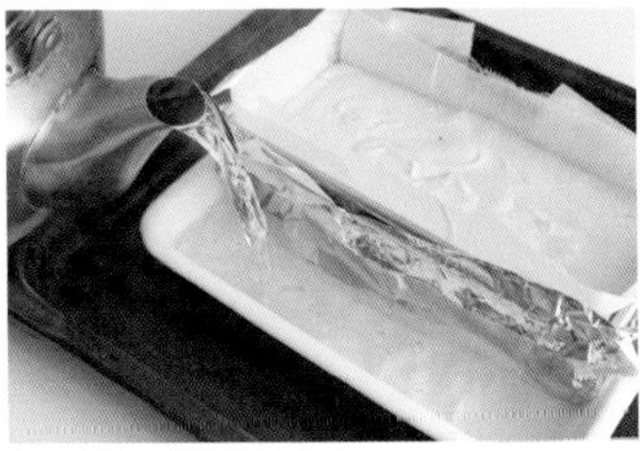

2
パウンド型は四隅に小さな空気穴が開いているので、アルミ箔で覆って湯が入るのを防ぐ。

# ベリーソースのふわふわパンケーキ

ほっぺたが落ちそうなくらい、ふんわりふわふわ。
生地に混ぜたメレンゲの泡をつぶさないことがポイントです。
時間がたつと泡がなくなるので、ホットプレートで一気に焼き上げます。

材料（2人分）

ベリーソース
- ミックスベリー（冷凍）　100g
- グラニュー糖　大さじ3
- レモン汁　小さじ1

卵　2コ

A
- 薄力粉　40g
- ベーキングパウダー　小さじ⅓

牛乳　20mℓ
塩　1つまみ（1g）
グラニュー糖　大さじ2
植物油　適量
マスカルポーネチーズ＊　適量

＊または九分《ぶ》立て（九分立てはP.6参照）に泡立てた生クリームでもよい。

つくる前にしておくこと
・卵は卵白と卵黄に分け、別のボウルに入れておく。
・Aは合わせてふるっておく。

1　ベリーソースをつくる。耐熱ボウルにミックスベリーを冷凍のまま入れ、グラニュー糖とレモン汁を加えてスプーンでサックリと混ぜる。ラップはしないで電子レンジ（600W）に3分間かけ、耐熱のゴムべらで混ぜる。再び電子レンジに3分間かけ、ラップをして冷めるまでおく。

2　卵黄のボウルにふるっておいたAと牛乳を加え、泡立て器でトロリとするまでよく混ぜ合わせる。

3　卵白のボウルに塩、グラニュー糖の半量を入れ、ハンドミキサーの低速で30秒間、卵白のコシをほぐすように泡立てる。高速にし、白っぽくなるまで泡立てる。残りのグラニュー糖を加え、きめの整った堅めのメレンゲをつくる（写真1）。

4　**3**に**2**を加え、メレンゲの泡をつぶさないようにゴムべらでやさしく混ぜ合わせ、きめを整える。

5　低温（150℃）に温めたホットプレートに植物油を薄くひき、間隔をあけて**4**の生地を⅙量ずつスプーンでのせ、円形に整える（写真2）。ふたをして1分30秒間焼く。生地の縁が乾いたら上下を返し、ふたをして1分30秒間焼く。器に盛って**1**のベリーソースをかけ、マスカルポーネチーズを添える。

［1人分370kcal　調理時間20分］

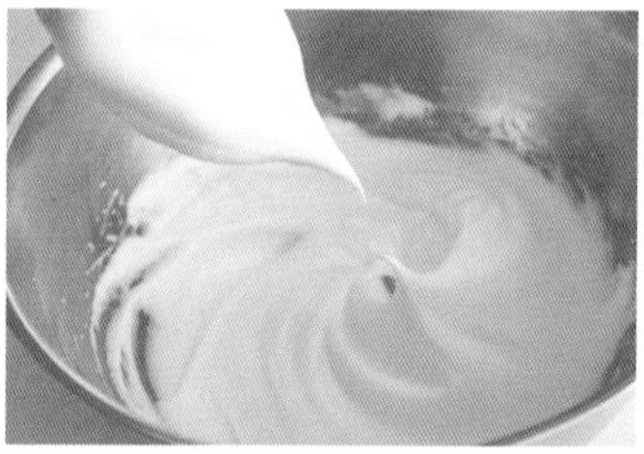

1
メレンゲは、すくうと先端が少し曲がるくらいの堅さが目安。

2
生地ができたら、メレンゲの泡が消えないうちに、全量を一気に焼くこと。フライパンで焼く場合は、すべての材料を半量にして大きめのフライパンで一度に焼くとよい。

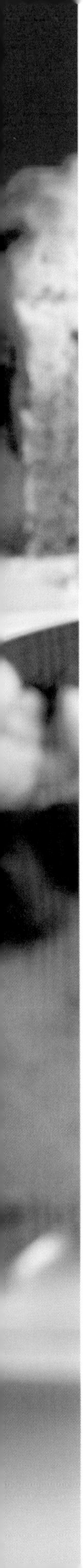

# ブルーベリーの
# クランブルパウンドケーキ

いろいろな味と食感が口の中ではじけ合う、ぜいたくで楽しいパウンドケーキです。
シナモン風味のクランブルはサクサクと香ばしく、ケーキはふんわりしっとり。
この２層の生地ではさんだブルーベリーの酸味がアクセントに。
ブルーベリーは、旬はフレッシュを、それ以外の季節は冷凍を凍ったまま加えてください。
クランブルはポロポロのそぼろ状になるまでよくほぐし、
焼く直前まで冷蔵庫で冷やしておくと、サクサクに仕上がります。

材料（18×9×高さ6.5cmのパウンド型1台分）

ブルーベリー　100g

クランブル

- バター（食塩不使用）　35g
- グラニュー糖　50g
- アーモンドパウダー　大さじ1
- 薄力粉　50g
- シナモンパウダー　小さじ⅓

ケーキ生地

- バター（食塩不使用）　60g
- グラニュー糖　60g
- 溶き卵　1コ分
- 薄力粉　70g
- ベーキングパウダー　小さじ⅓
- レモン汁　小さじ2

つくる前にしておくこと

・バターはすべて常温に戻して柔らかくしておく。
・クランブルの薄力粉とシナモンパウダーは、合わせてふるっておく。
・ケーキ生地の薄力粉とベーキングパウダーは、合わせてふるっておく。
・パウンド型にオーブン用の紙を敷いておく。
・オーブンは170℃に温めておく。

## ブルーベリーの
## クランブルパウンドケーキの
## つくり方

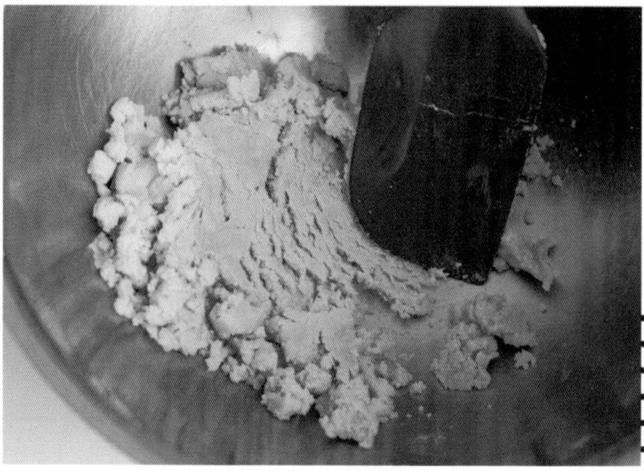

1

クランブルをつくる。
ボウルにバター、グラニュー糖、アーモンドパウダーを入れてゴムべらで混ぜる。合わせてふるっておいた薄力粉とシナモンパウダーを加えて混ぜる。粉っぽさがなくなったら、ボウルの側面に押しつけるようにまとめる。

4

ケーキ生地をつくる。
ボウルにバターとグラニュー糖を入れ、ふんわりと白っぽくなるまで泡立て器ですり混ぜる。溶き卵を数回に分けて加え、そのつどよく混ぜる。
※溶き卵は一気に加えると、油分と卵が分離しやすくなる。もし分離してしまったら、合わせてふるっておいた薄力粉とベーキングパウダーを小さじ1～3取り分けて加え、混ぜるとよい。

2

堅さが均一になったら、1cmくらいの大きさになるまで、指でほぐす。

3

ポロポロの状態になったらバットに広げ、使う直前まで冷蔵庫で冷やしておく。

5

合わせてふるっておいた薄力粉とベーキングパウダーを**4**に加え、粉っぽさがなくなるまでゴムべらで混ぜる。レモン汁を加え、混ぜる。

6

オーブン用の紙を敷いた型に**5**のケーキ生地を入れてならす。ブルーベリーを散らし、**3**のクランブルを全体に散らす。天板にのせ、170℃のオーブンで30〜33分間焼く。紙ごと型から取り出して網にのせ、冷ます。

※生地の中心に竹串を刺して生の生地がついてこなければ、焼き上がりの目安。

[全量1760kcal　調理時間50分
(冷ます時間は除く)]

**ムラヨシマサユキ**

料理研究家。製菓学校を卒業後、パティスリー、カフェ、レストラン勤務を経て、2009年よりお菓子とパンの教室をスタート。「家でつくるからこそおいしくできる」をモットーに、家庭でつくりやすい材料の配合とレシピを提案する。探究心が旺盛で、コンビニエンスストアの人気商品から、本格パティシエのスイーツまで常にアンテナをはり続け、新しいアイデアを生み出し続ける。ユニークで親しみやすいキャラクターも人気で、「NHKきょうの料理」番組講師としてもおなじみ。お菓子とパンの著書多数で、いずれも「おいしくできる」と好評。

アートディレクション・デザイン　遠矢良一(Armchair Travel)
撮影　福尾美雪
スタイリング　西﨑弥沙
調理アシスタント　鈴木萌夏
校正　今西文子(ケイズオフィス)
栄養計算　宗像伸子
編集　宇田真子／米村 望、山田葉子(NHK出版)
編集協力　前田順子／大久保あゆみ

※この本は「NHKきょうの料理ビギナーズ」テキスト2019年4月号から2021年9月号まで連載した「スーパーマーケットで手に入るフルーツで簡単おやつ。ムラヨシフルーツパーラー」に新しいレシピを加え、再編集したものです。

**手軽な材料でつくる果物のお菓子**
## ムラヨシフルーツパーラー

2021年9月20日　第1刷発行
2022年2月5日　第2刷発行

著　者　ムラヨシマサユキ
発行者　土井成紀
発行所　NHK出版
〒150-8081　東京都渋谷区宇田川町41-1
電話 0570-009-321(問い合わせ)
0570-000-321(注文)
ホームページ　https://www.nhk-book.co.jp
振替　00110-1-49701
印刷・製本　大日本印刷

乱丁・落丁本はお取り替えいたします。
定価はカバーに表示してあります。
Printed in Japan
ISBN978-4-14-033320-4　C2077